Anselmo Maestrani

Mentaltraining für Faule

Anselmo Maestrani

Mentaltraining für Faule

In wenigen Schritten in eine erfolgreiche Zukunft

Trainerverlag

Impressum / Imprint
Bibliografische Information der Deutschen Nationalbibliothek: Die Deutsche Nationalbibliothek verzeichnet diese Publikation in der Deutschen Nationalbibliografie; detaillierte bibliografische Daten sind im Internet über http://dnb.d-nb.de abrufbar.

Bibliographic information published by the Deutsche Nationalbibliothek: The Deutsche Nationalbibliothek lists this publication in the Deutsche Nationalbibliografie; detailed bibliographic data are available in the Internet at http://dnb.d-nb.de.

Coverbild / Cover image: www.ingimage.com

Verlag / Publisher:
Der Trainerverlag
ist ein Imprint der / is a trademark of
AV Akademikerverlag GmbH & Co. KG
Heinrich-Böcking-Str. 6-8, 66121 Saarbrücken, Deutschland / Germany
Email: info@verlag-trainer.de

Herstellung: siehe letzte Seite /
Printed at: see last page
ISBN: 978-3-8417-5062-4

„Grosse Leistung besteht darin,
nicht andere, sondern
sich selbst zu übertreffen.“

Mentaltraining für Faule

Einleitung

Diese Arbeit habe ich während meiner Ausbildung zum Mentaltrainer an der Internationalen Akademie der Wissenschaften in Vaduz entwickelt. Sie war für mich die wichtigste Begleitung und vor allem hat sie mir die nötige Motivation und Disziplin abverlangt, um mit Erfolg das Studium abzuschliessen. Wieso? Weil ich mich jeden Tag mit ihr beschäftigte und dranblieb. Ich hatte ein Ziel. Es erreichen konnte ich nur mit Etappenzielen. Und so wie es auch beim Radrennen ist, ist die Bergetappe manchmal sehr anstrengend, manchmal geht es bergab und ich konnte die Talfahrt geniessen, es gab Stürze und Hindernisse. Die Freude am Ziel, das Wissen, dass es möglich ist, hat mir geholfen, dahin zu kommen. Nochmals: Geduld, Disziplin und Glaube sind die nötigen Zutaten, aber auch – und unerlässlich – Faulenzen.

Die persönliche Entwicklung ist für mich die schwierigste Arbeit überhaupt. Dieses Wachstum ist eine Dehnung der inneren Welt und braucht enorme Konstanz und einen unermüdlichen Willen. Sich zu begegnen und die Bereitschaft zu haben, Veränderungen vorzunehmen, ist manchmal sehr schmerzhaft. Oft geben viele Menschen diese Bereitschaft, die ihnen zum Teil wie eine ungeheure Aufgabe vorkommt, vorzeitig auf. Immer wieder kann ich dies bei meiner Tätigkeit beobachten. Sobald die ersten Hürden und Schwierigkeiten erscheinen, neigen wir dazu, uns zurückzuziehen, und mit alten Mechanismen oder Ausreden kehren wir in die Vergangenheit und in den Alltagstrott zurück. Diese Aufgabe ist allerdings eine nie endende Bürde. Aufgeben heisst aber, sich für ein Leben mit beschränkter Aufrichtigkeit und

Offenheit zu entscheiden. Mit diesem Schritt entscheiden wir uns gleichzeitig dafür, uns vor der Welt zu verstecken. Mutig zu sein bedeutet, die totale Verantwortung für uns selbst, unsere Taten und unsere Wünsche zu übernehmen. Dabei müssen wir als logische Folge jene Verantwortung zurückweisen, die mit uns nichts zu tun hat. Nur so können wir wirklich frei werden.

Mentaltraining für Faule ist eine Arbeit, die für alle gedacht ist. Sie will Sie dabei motivieren, den ersten Schritt auf Ihrem neuen Weg zu wagen. Ein neuer Weg ist immer unbekannt und voller Überraschungen. Unsere Wahrnehmung und unsere eigenen Gedanken entscheiden selbst, ob er abenteuerlich und freudig oder anstrengend und beängstigend wird. Dieser Weg wird Sie sehr weit bringen, aber es ist auch ein Weg, der immer weitergeht und sich ebenfalls dehnt, wenn Sie ihn beschreiten. Mit der Zeit werden Sie neugieriger und Sie möchten mehr wissen. Bleiben Sie dran. Was Sie dazu brauchen, ist Interesse an sich selbst als einmaligen Menschen mit unglaublichen Potenzialen, die Sie entdecken möchten. Sie brauchen Geduld, Ausdauer und die Bereitschaft, im richtigen Moment zurückzulehnen und abzuwarten. Wenn wir den Berg bestiegen haben, können wir die Aussicht geniessen. Die nächsten Schritte werden sich von selbst zeigen. Um den Gipfel zu erreichen, vor allem für die Herausfordernden, ist das Basislager fundamental. Dort finden Sie Stütze und ein Refugium, wenn Ihre Energien sich zu Ende neigen. Diese Arbeit ist das Fundament für ein erfülltes Leben.
Dabei wünsche ich Ihnen viel Spass.

Herzlichst,
Anselmo Maestrani

Vorwort

Mentaltraining benötigt wie alle Trainings sehr viel Disziplin. Wie oft beginnen wir voller Begeisterung und Enthusiasmus eine Sportart oder beginnen ein Instrument zu spielen und kurz danach, bei der ersten Herausforderung, geben wir alles auf? Mit diesem Vorgehen erlangen wir nie Erfolg und Zufriedenheit. Im Gegenteil: Wir lenken unsere Aufmerksamkeit und Energie ziellos von einer Tätigkeit zur nächsten, ohne wirklich eine Befriedigung zu erreichen. Es wäre, wie wenn wir Wasser suchen und ein erstes Loch graben würden. Da das Wasser nicht an der Oberfläche erscheint, geben wir an dieser Stelle auf und beginnen an einem andern Ort, bis wir auch dort aufgeben und anderswo erneut anfangen. Am Schluss haben wir ein Feld, das, wenn überhaupt, nur für eine spezielle Art von Golf geeignet wäre. Das Wasser haben wir nie erreicht – nur weil wir an der Oberfläche geblieben sind. Mit Disziplin und täglichem Mentaltraining erreichen wir mühelos die Schätze, die in uns stecken und die nichts anderes sind als unsere innigen Wünsche.

Um unsere Wünsche und Träume konsequent zu erfüllen, bedarf es einer klaren Entscheidung. Zuerst gibt es eines zu wissen: Was wollen wir wirklich? Nach meiner Beobachtung kann ich Ihnen versichern, dass alle wissen, was sie nicht wollen, aber weniger genau wissen, welches ihre wahren Bedürfnisse und Visionen sind. Hier steckt die grossartige Arbeit und hier geben viele von uns auf. Ja, sie fangen an zu graben, bleiben aber an der Oberfläche. Tiefer zu gehen, ist sehr anstrengend und braucht Mut. Sich zu erkennen und immer echter, authentischer und aufrichtiger zu werden, ist eine langwierige Arbeit, die, einmal begonnen, ein Leben lang andauert. Sich von der gewohnten Rolle zu distanzieren und gewisse Masken abzulegen, ist der erste Schritt zu einer solchen Erkenntnis.

Glauben Sie wirklich, dass das Erreichen von Erfolg, Glück, Liebe, Lebensqualität nur für einige Auserwählte möglich ist? Hand aufs Herz, ich weiss, Sie glauben es nicht: In diesem Moment ist es nur Ihre Faulheit, die Sie zu diesen einfachen Gedanken treibt und Sie von Ihren wahren Träumen abhält. Wieso? Einfach weil die persönliche Entwicklung mit Wachsen zu tun hat und Wachsen bedeutet Arbeit, Veränderungen und die Bereitschaft, aktiv zu werden. Das heisst, Verantwortung zu übernehmen, und bedeutet schliesslich eine neue Einstellung gegenüber der jetzigen Situation. Beobachten Sie Ihre Gedanken: Wie oft stehen Sie sich selbst im Wege? „Ich kann das nicht!“ „Ich bin nicht gut!“ „Ich werde ausgelacht!“ Und genau diese Aussagen bestimmen Ihr Versagen, noch bevor Sie an Ihre Projekte herangehen. Diese tief verankerten Ängste und das Selbstmitleid hindern Sie an Ihrem Erfolg und an Ihrem Glück. Und exakt mit diesen Gedanken und dieser Vorgehensweise bauen wir einen Spiegel, welcher die Welt, die wir erleben, bestätigt.

Wie können wir dieses Dilemma lösen? Indem wir jeden Tag einen kleinen, aber bestimmten Schritt in Richtung „Meine persönliche Entwicklung zur Erfüllung meiner Ziele“ unternehmen. Entscheidend ist dabei, dass wir vor allem und in erster Linie auf unsere Gefühle und unsere Gedanken achten. Sie erzeugen Bilder, die nach aussen projiziert werden. Wie bereits erwähnt: Es bedarf einer angenehmen und wertvollen Reise mit sich und vor allem für sich selbst, um diese innere wie äussere Transformation zu erlangen. Jeder von uns darf die Reise in seinem eigenen Rhythmus antreten. Im Gegensatz zur heutigen, schnelllebigen Welt dürfen wir uns hier Zeit nehmen. Hier können wir zwei Schritte zurücktreten und uns nur auf uns selber konzentrieren – was entscheidend ist. Der Wettbewerb verschwindet: Das Ziel werden wir sowieso erreichen. Wir dürfen zurücklehnen, geniessen und sogar viel faulenzen. Die Aufgaben, die Sie in diesem Buch finden, können Sie in aller Ruhe erledigen, auch wenn es natürlich notwendig ist, dass Sie sie erledigen. Je mehr wir zur Ruhe kommen, desto schneller entwickeln wir uns. Manche nennen es Kontemplation, andere Meditation. Beides können wir in jedem Moment erlangen. Kontemplation erleben wir während eines Spaziergangs im Wald, wir meditieren, indem wir ein feines Essen mit frischen Zutaten kochen. Die Türe der „Erleuchtung" ist immer offen und es bedarf nicht jahrelangen Übens. Das Licht kann jederzeit aufgehen, oft in der Hingabe an eine Situation, eine Aufgabe. Wichtig ist nicht, *was* wir machen, sondern *wie* wir es machen.

Ich freue mich, Ihnen zu bestätigen, dass wir mit dieser Einstellung und mit dieser Intention jedes Ziel erreichen können, weil dann eine grundsätzliche Veränderung in uns stattfindet. Wir kommen in die Wahrnehmung und in die Freude des Tuns. Das Ziel selbst wird an Bedeutung verlieren, aber mehr Wert gewinnt der Weg dorthin und wie wir ihn zurücklegen. Welche Energien, welche inneren Haltungen und welche Aufmerksamkeit schenken wir unserem eigenen Weg, den wir ausgewählt haben? Als tägliches Ritual übe ich mich zu fragen, bevor ich den Tag beginne, welche Einstellung ich beachten soll und schreibe sie auf. Oft verknüpfe ich sie mit einer bevorstehenden Aufgabe, die ich mit dieser Eigenschaft lösen werde oder auch mit einem Vorbild, das diese Eigenschaft bestens integriert hat und auslebt. Am Abend dann, bevor ich einschlafe, frage ich mich einfach, ob es mir gelungen ist, den Tag mit diesem Vorsatz zu begegnen. Es gelingt mir immer besser – ab und an weniger, was auch gut so ist, da wir alle Menschen sind.

Es handelt sich um Kleinigkeiten, die eine enorme Wirkung haben. Es sind sehr einfache Aufgaben, die auch für den hartnäckigsten Faulpelz geeignet sind. Eine solche Übung können Sie in wenigen Minuten erledigen. Tagsüber können Sie sich bei Gelegenheit fragen, ob Sie noch in der Qualität sind. Und so können Sie auch diesem Buch begegnen. Es soll für Sie einen Kompass darstellen und der Anfang sein, um Ihre persönliche Landkarte neu zu definieren. Für mich ist das eine sehr schöne Vorstellung. Ich hoffe, für Sie auch.

Ob Sie Ihr Leben wirklich frei gestalten können, werden Sie erst wissen, wenn Sie es konsequent tun. Alles andere ist nur Spekulation!

„Glück ist nur ein Teil der Gleichung. Am Ende sind wir die Summe unserer Entscheidungen." Sören Kierkegaard

1. Entscheiden

Jeder von uns hat oft Probleme damit, sich zu entscheiden, Entscheidungen zu treffen oder einfach mit „entscheidenden" Problemen. Ach wie schön, wenn einfach der Andere für mich entscheidet. Aber da fängt das wahre Problem an. Genau in dem Moment, in dem ein Anderer für Sie entscheidet, übergeben Sie ihm Ihr Leben. Ist es das, was Sie wollen? Auch als Fauler? Definitiv: Nein! Vor allem wenn wir unsere Träume, Visionen oder Bestimmung realisieren möchten, dann müssen wir handeln. Solange wir das Handeln anderen überlassen, werden wir einfach Marionetten sein und nie unsere eigene Lebensvision erfüllen. Im Gegenteil, wir sind ein geeignetes Mittel zur Erfüllung der Wünsche, Visionen und Lebensträume anderer. Wir können es zulassen und weiterhin Bücher lesen und Seminare besuchen, Affirmationszettel schreiben und sie vergessen, mit Freunden und Bekannten über die Misere unseres Lebens jammern – oder aber einen entscheidenden Schritt in unserem Leben tun und unsere Wünsche und Ziele zur Erfüllung bringen. Wir fangen sofort an und zwar mit der Entscheidung, unser Leben zu verändern, unser Leben so zu gestalten, wie wir es wollen. Wie? Ganz einfach: mit den drei Schritten zur Entscheidung.

Bevor wir diese Schritte machen, betrachten wir, was uns daran hindert, uns zu entscheiden. Sehr wahrscheinlich ist tief in uns alles klar und fest verankert. Irgendwie wissen wir ganz genau, was wir wollen und welches Leben wir gerne hätten.

Äusserlichkeiten verhindern oft, Entscheidungen zu treffen. Kennen Sie sie? Aber natürlich:

- unsere Bequemlichkeit
- die scheinbare Sicherheit der aktuellen Situation
- die Be-/Verurteilung durch unser Umfeld (Familie, Freunde, Bekannte, Arbeitskollegen, Nachbarn ...)
- das Aufschieben auf bessere Zeiten („wenn die Kinder gross sind", „wenn ich Geld habe", „wenn ich pensioniert bin")
- die Angst zu versagen

Diese und andere Faktoren sind gute Nahrung für unseren Verstand. Jedes Mal, wenn unser Bewusstsein an die Türe unseres Herzens mit der Mitteilung unserer Bestimmung klopft, meldet sich der Verstand mit allen seinen Argumenten, warum wir unserer inneren Vision nicht folgen sollten: „Bist du vielleicht verrückt geworden? Weisst du, wie viel Arbeit es braucht, dieses Ziel zu erreichen? Nicht nur das, dann wirst du auch weniger verdienen und die ersten Jahre wird das Geld nicht mehr so fliessen wie jetzt und vielleicht gar nicht mehr... Und deine Familie? Hast du daran gedacht? Sie zählen auf dich... Noch schlimmer deine Eltern: Sie haben das ganze Leben gearbeitet, um dir die Universität zu finanzieren, und jetzt willst du alles aufgeben aufgrund einer Vision... Mann, stell dir mal vor, welch eine Enttäuschung für sie..." Und genau hier ziehen Sie sich zurück. Sie bekommen Angst, und als vorläufiger Trost bilden Sie sich ein, das Ganze einfach zu verschieben: „Okay, okay, du hast recht. Ich werde es tun, wenn ich genug Geld habe oder vielleicht wenn ich pensioniert bin!" Wann wird das sein? Was heisst, genug Geld haben? Und geht das Leben bis zur Pensionierung? Kurz vor der Entscheidung scheint unser Verstand aus Angst zu versagen, und dann haben Sie alle guten Gründen dargelegt, damit Sie sich nicht entscheiden. Schade, das Leben dauert nicht ewig! Und vor allem: Das Leben ist jetzt!

Sie haben sich aber entschieden, sich zu entscheiden. Es ist Zeit, die drei Schritte zur Entscheidung zu wagen.

- meine jetzige Situation objektiv betrachten: Ist es wirklich das, was ich in meinem Leben immer wollte?
- Hindernisse überwinden und positiv umwandeln: Was kann im schlimmsten Fall nach meiner Entscheidung passieren?
- die Herzintelligenz entdecken und ihr folgen: kein Wenn und Aber!

Mit Ihrer Entscheidung haben Sie Ihrem Erfolg einen Anfang gegeben und somit alles „Hätte-wäre-würde-wenn" aus Ihrer Zukunft gestrichen. Spüren Sie schon die Freiheit, die durch Ihre Entscheidung entstanden ist? Herzliche Gratulation!

Ihre Entscheidungen bestimmen Ihr Leben

Es sind Ihre persönlichen Entscheidungen, die dazu führen, dass Sie etwas bekommen oder erreichen und dafür auf etwas anderes verzichten müssen. Das macht es so bedeutend, dass Sie Ihre Entscheidungen ganz bewusst treffen und nicht dem Zufall überlassen. Wenn Sie sich öfter einmal klarmachen, dass bestimmte, manchmal vielleicht unangenehme oder störende Aspekte in Ihrem Leben die Ursache in einer Ihrer persönlichen Entscheidungen haben, brauchen Sie im Grunde nicht mehr zu jammern. Sie wissen dann z.B., dass Sie arbeiten gehen wollen, um Geld zu haben. Und dann gilt es eben, entweder die Folgen der Entscheidung in Kauf zu nehmen oder eine neue Entscheidung zu treffen, sich z.B. um eine neue Arbeitsstelle zu bemühen.

Bei falschen Entscheidungen nicht jammern, sondern entsprechende Konsequenzen ziehen! Hin und wieder kann es passieren, dass wir uns falsch entscheiden. So haben wir z.B. vorschnell einen Job angenommen oder gekündigt, im Ärger eine Freundschaft beendet oder unüberlegt einen Kredit aufgenommen. In solchen Fällen möchten wir alle jammern. Das ist menschlich. Jammern Sie ruhig ein bisschen. Dann aber hören Sie auf damit und überlegen Sie, welche Konsequenzen Sie nun ziehen können. Sie können sich z.B. dafür entscheiden, das nächste Mal besser nachzudenken, der Bank können Sie das Geld vielleicht wieder zurückgeben und sich bei Ihrem Freund, Ihrer Freundin entschuldigen. Nicht immer können wir ungünstige Entscheidungen wieder ins Lot bringen. Manchmal können wir einfach nur aus ihnen für die Zukunft lernen. Die Gefahr, sich einmal falsch zu entscheiden, sollte für Sie aber keine Entschuldigung dafür sein, die Entscheidungen lieber anderen zu überlassen. Es ist Ihr Leben und zu Ihrem Leben gehört es auch, Fehler zu machen.

Verschüttete Milch
Dale Carnegie schreibt in einem seiner Bücher: "Weine nicht über verschüttete Milch". Mit diesem kleinen Satz ist gemeint, dass wir uns oft viel zu lange den Kopf über Dinge zerbrechen, die schon längst vorbei sind. Dann hadern wir mit Ereignissen, die nicht mehr rückgängig zu machen sind, oder jammern über Verlorenes. Es ist natürlich nachvollziehbar und zutiefst menschlich, wenn wir unserer Enttäuschung oder Wut mit Tränen Ausdruck verleihen. Das ist an dieser Stelle auch

nicht der Punkt. Weinen Sie ruhig einen Moment über die verschüttete Milch. Dann aber sollten Sie die Scherben einsammeln und die Milch wegwischen. Sie können an dieser Stelle nichts mehr tun. Vielleicht können Sie daraus etwas für die Zukunft lernen. Vielleicht auch nicht. Wir verschütten in unserem Leben eine Menge Milch. Und wir könnten sehr, sehr lange darüber weinen. Tun Sie das nicht. Schauen Sie lieber nach vorne.

Auszeiten zum Jammern sind erlaubt
Natürlich haben wir alle diese Momente, in denen wir einfach nur "richtig schön destruktiv" sein wollen. Das ist absolut okay. Heulen Sie sich dann einfach bei einem guten Freund oder bei einer vertrauten Freundin aus oder weinen und schlagen Sie in Ihr Kopfkissen. Dann aber sollten Sie wieder aktiv werden, sonst kommen Sie nicht weiter. Entscheidend ist, dass Sie sich im Durchschnitt zu einem grösseren Teil auf Lösungen und zu einem geringeren Teil auf die Probleme konzentrieren.

Packen Sie es an
Wenn es einiges in Ihrem Leben gibt, über das Sie jammern möchten, dann ist es jetzt vielleicht an der Zeit, einmal herauszufinden, was Sie ändern wollen und können. Klarheit über das, was wir wollen, ist meist eine grosse Erleichterung, weil wir so eine Perspektive haben, mit der wir aus der oft lähmenden Leidenshaltung herauskommen können.

Übung

Besorgen Sie sich ein persönliches Arbeitsbuch, das Sie auch später für weitere Übungen gebrauchen können. Auf einer freien Seite zeichnen Sie eine Tabelle mit drei Spalten. Nun schreiben Sie in die erste Spalte einmal alle Dinge, über die Sie jammern möchten. In die zweite Spalte schreiben Sie dann alle guten Gründe, warum Sie die jeweilige Sache auf jeden Fall ändern sollten. In die dritte Spalte schreiben Sie hingegen alle guten Gründe, warum Sie die Sachen auf keinen Fall ändern sollten. In bestimmen Bereichen werden Sie vielleicht gleich gute Gründe für und gegen eine Veränderung finden. Hier müssen Sie im Einzelfall ganz für sich persönlich abwägen, ob die Nachteile aus der aktuellen Situation oder Ihre Gründe gegen eine Veränderung schwerer wiegen. Überprüfen Sie genau, was es für Sie bedeutet, die jeweilige Situation unverändert zu lassen und was es bedeuten könnte, sie anzugehen. Alles, was Sie nicht ändern wollen, sollten Sie anzunehmen lernen. Alle Bereiche, für die Sie gute Gründe gefunden haben, sie zu verändern, können Sie zu Ihren nächsten Zielen machen.

Tipp
Denken Sie einmal darüber nach, in welchen Bereichen Ihres Lebens Sie sich dafür entschieden haben. Sind Sie mit diesen Situationen zufrieden?

Auch "nichts zu tun" ist eine Entscheidung. Jeder von uns trifft täglich, stündlich, ja minütlich Entscheidungen. Entscheidungen für oder gegen etwas. Auch nichts zu tun, ist eine Entscheidung. So ist es Ihre persönliche Entscheidung, wenn Sie sich z.B. nicht wehren, obwohl Sie übergangen worden sind. Es ist auch Ihre Entscheidung, sich nicht um einen neuen Job zu bemühen, obwohl Sie in Ihrem alten Job unglücklich sind. Und es ist Ihre Entscheidung, nichts in Ihrem Leben zu verändern, obwohl Sie vielleicht unzufrieden sind.

Meine Gedanken zum ersten Kapitel:

"Die meisten Leute scheuen weniger ein grosses Opfer als eine grosse Unbequemlichkeit." Ida Gräfin von Hahn-Hahn

2. Vom Opfer zum Schöpfer

Mit dieser nun für Sie äusserst einfachen Entscheidung haben Sie auch bereits den ersten Schritt Richtung Schöpfer getan. Somit beginnt auch die wichtigste und spannendste Reise Ihres Lebens, und zwar die Reise zu Ihrer Essenz, zu Ihrer Bestimmung. Es gibt viel mehr in Ihnen, als Sie denken: Diese Essenz wartet nur darauf, von Ihnen geschöpft zu werden. Die Zeit ist reif, sich als Schöpfer und Gestalter Ihres eigenen Lebens zu erkennen. Sie treten aus einer möglichen Opferrolle heraus und bestimmen ganz bewusst das Leben, das Ihnen entspricht.

Viele von uns sehen sich selbst als Opfer. So sind es die Umstände, das Schicksal oder andere Menschen, die uns übel mitspielen. Wir verlieren Geld, unseren Job oder Freunde, wir werden krank oder arm und andere bringen uns dazu, etwas zu tun oder zu sein, obwohl wir das eigentlich nicht wollen. Wir werden verlassen und sind unglücklich und "können gar nichts dafür". Das Gefühl, Opfer zu sein, ist vielen von uns nur zu gut vertraut. Dabei haben wir es fast immer selbst in der Hand, ob wir leiden wollen oder nicht, auch wenn diese Behauptung manche von uns vielleicht zunächst verärgern mag.

Ein wirklich eigenverantwortliches Leben ist nicht leicht, aber möglich.

Tatsächlich ist die Einsicht der Eigenverantwortung in diesem

Bereich mit einer gewissen Härte verbunden: Durch eine solche Sicht der Dinge verlieren wir unsere vielen kleinen und grossen Entschuldigungen für alles Mögliche. Beispielsweise dafür, Dinge nicht geschafft zu haben ("daran waren die Kinder schuld"), Geld oder einen Job verloren zu haben ("ich habe mir solche Mühe gegeben und kann gar nichts dafür"), unglücklich und einsam zu sein ("ich bin verlassen worden und weiss gar nicht warum") usw.

Opfer geben ihre Macht ab.
Machen Sie sich einmal klar, wie viel Macht über uns wir anderen Menschen in die Hand geben, wenn wir uns ihnen als Opfer ausliefern:

- Die Frau im Supermarkt kann Ihnen mit einer dummen Bemerkung den ganzen Tag vermiesen.
- Der pampige Schalterbeamte löst bei Ihnen Sodbrennen und Bluthochdruck aus.
- Aus Ärger über den Taxifahrer streiten Sie sich mit Ihrem Lebenspartner.
- Weil Ihre Eltern früher etwas falsch gemacht haben, leiden Sie nun für den Rest Ihres Lebens.
- Weil Ihr Lebenspartner Sie enttäuscht hat, können Sie nun niemandem mehr vertrauen und bleiben allein.

Tipp
Denken Sie doch einmal in verschiedensten Situationen darüber nach, ob es sich wirklich lohnt, sich aufzuregen oder schlecht zu fühlen. Vielen Menschen hilft es, wenn sie sich im Vorfeld überlegen, wie sie sich in diesen Situationen das nächste Mal anders verhalten wollen. Schreiben Sie sich das vielleicht auf.

Menschen weniger Macht über sich und Ihre Gefühle: Kein Mensch kann es fertigbringen, dass Sie sich schlecht fühlen, wenn Sie es ihm nicht erlauben.

Sie selbst lassen Ihr Leiden zu.
Machen Sie sich klar, dass Sie Ihr Leiden selbst zulassen. So hart das klingen mag, aber Sie selbst entscheiden etwa, dass ein wildfremder Mensch Ihnen so wichtig ist, dass Sie Zeit und Energie verbrauchen und im schlimmsten Fall sogar Ihre Gesundheit gefährden, um sich über ihn zu ärgern. Sie können stundenlang über die Verkäuferin oder den Beamten schimpfen, können sich als Opfer fühlen und leiden, aber Sie ändern damit überhaupt nichts und Sie fügen sich damit selbst Leid zu.

Übung

Schreiben Sie für sich selbst eine Liste der Dinge oder Situationen, unter denen Sie regelmässig leiden. Schreiben Sie auf,

- worüber Sie sich ärgern
- wer Sie ärgert
- was Sie ärgert
- wodurch Sie sich schlecht fühlen
- worunter Sie leiden.

Und dann überlegen Sie einmal, was Sie ganz konkret tun können, um etwas zu ändern. Vielleicht können Sie bestimmte Situationen vermeiden oder ein klärendes Gespräch führen. Vielleicht können Sie auch etwas an Ihrer Einstellung ändern, sodass Sie sich nicht jedes Mal wieder über dieselben Dinge ärgern müssen. Fragen Sie vielleicht auch andere Menschen um Rat, wie Sie die Dinge, die Sie stören, in Zukunft anders gestalten können.

Sparen Sie Energie: Hören Sie mit dem Jammern auf.

- Eigenverantwortung übernehmen
- Raus aus der Opferrolle: Beenden Sie Ihr Leid

Wir jammern alle mal ganz gerne, nicht wahr? Darüber, wie sich alles verteuert hat, wie schlimm die Wirtschaftslage ist, wie hoch die Kriminalitätsrate gestiegen ist, über das schlechte Wetter (zu kalt, zu heiss, zu nass oder zu trocken), über die zu hohen Steuern und Benzinpreise, über die Politik, die Unfreundlichkeit der Leute, darüber wie ungerecht doch das Leben ist, usw. Manchmal ist es tatsächlich ganz nett, sich einmal so richtig über alles Mögliche auslassen zu können.

Auch jammern kostet Energie.
Wenn Sie aber das nächste Mal beim Jammern sind, sollten Sie einmal Folgendes beachten: Auch jammern kostet Kraft und Energie. Zunächst einmal müssen Sie dafür auf alles Schlechte und Negative in Ihrer Umgebung schauen, denn über tolle Sachen jammert es sich nicht so gut. Und ausserdem werden Gefühle in uns wach wie z.B. Enttäuschung, Frust, Wut, Ärger oder Ähnliches. Auch das kostet Kraft!

Wer sich bewusst entscheidet, braucht weniger zu jammern.

Wenn wir uns für etwas entscheiden, entscheiden wir uns gleichzeitig gegen etwas. Das heisst einerseits, dass wir nie alles haben können, und andererseits, dass wir Kompromisse eingehen müssen, um etwas anderes zu bekommen. Ein Beispiel dazu: Wenn Sie arbeiten gehen, können Sie nicht zu Hause faulenzen. Sie entscheiden sich aber für die Arbeit, weil Sie das Geld brauchen. Damit treffen Sie die Entscheidung, arbeiten zu gehen. Sie könnten sich durchaus auch dafür entscheiden, zu kündigen – dann aber hätten Sie weniger Geld. Egal wie Sie sich entscheiden: Je bewusster Sie Ihre Entscheidung fällen, desto weniger ungerecht dürfte Ihnen eigentlich das Ergebnis vorkommen, denn die möglichen Alternativen erschienen Ihnen ja schlechter.

Übung

Wann immer Sie mit einer Situation unzufrieden sind, können Sie sich Folgendes fragen:

- Was genau stört mich?
- Was kann ich in dieser Situation verändern?
- Was kann ich anders machen?
- Was sind meine Alternativen?

Schreiben Sie diese Fragen in Ihr Arbeitsbuch und beantworten Sie sie. Nehmen Sie sich dann einen kleinen Zettel und schreiben Sie sich diese Fragen auf. Stecken Sie den Zettel in Ihre Brieftasche und tragen Sie ihn immer bei sich. Immer wenn Sie mit einer Situation unzufrieden sind, schauen Sie auf diesen Zettel und beantworten sich diese Fragen. Dann können Sie sehr schnell erkennen, wo es sich lohnt, Energie zu verwenden und wo nicht.

Meine Gedanken zum zweiten Kapitel:

„Ein Traum ist unerlässlich, wenn man die Zukunft gestalten will."
Victor Hugo

3. Träume erträumen

Wie oft sagen wir oder haben wir gehört: „Ich hatte einen Traum" oder „Ich habe geträumt"? Wahrscheinlich täglich. Je nach Situation, ob es sich um einen schönen Traum handelte oder um einen Albtraum, erzählen wir ihn gerne unseren Nächsten. Weniger gerne packen wir aber die Gelegenheit, über unsere Tagträume oder über unsere Visionen zu berichten. Ja, wir schämen uns! Und dann lassen wir diese grossen Schätze unserer inneren Welt in irgendeiner Ecke versteckt, in einer Schublade unseres Herzens. Ab und zu öffnen wir sie und betrachten sie für eine kurze Zeit. Verweilen wir zu lange darüber, beeilen wir uns, die Schublade wieder zu schliessen, bevor wir auf komische Gedan-ken kommen.

Tipp
Jeder hat Tagträume. Vielleicht während des Duschens am Morgen oder auf dem Weg zur Arbeit mit der Strassenbahn oder während der Mittagspause. Sie sollten immer ein Notizbuch bei sich haben. Lernen Sie, Ihre Tagträume aufzuschreiben, sobald sie wie Blitze aus heiterem Himmel erscheinen!

Der Traum (oder auch der Tagtraum) ist die Sprache des Unbewussten und Unterbewussten, die vergessene Sprache Gottes mit den Menschen. Träume gleichen Bilderrätseln, die ihre Botschaften überwiegend verschlüsseln oder symbolisch chiffrieren. In jedem Menschen steckt ein unerlöstes Genie. Über die Kraft unserer inneren Bilder enthüllt sich der ganze Reichtum unserer Seele und das Potenzial unserer schöpferischen Kraft. Unsere Träume geben uns wertvolle Lebenshinweise und weisheitsspendende Einblicke in unseren eigenen Charakter und unser Wirken. Sie enthüllen versteckte Talente, verborgene Chancen und die Tiefen unseres kreativen Potenzials.

Erlauben wir uns einen Tagtraum, dann denken wir sofort: „Mensch, ich habe einen Knall!" Dabei ist es höchste Zeit aufzuhören, ihn zu unterdrücken. Am besten geben wir ihm unsere volle Aufmerksamkeit.

Übung

Stellen Sie sich vor, Sie haben ein eigenes Heimkino in Ihrem Kopf. Nun hat Ihr Herz entschieden, heute Abend ins Kino zu gehen. Dort angekommen nimmt es Platz vor der weissen Leinwand und lässt seine DVD, die es mitgenommen hat, laufen. Welche Bilder erscheinen auf Ihrer Leinwand? Lassen Sie Ihrer Fantasie freien Lauf und gestalten Sie diese Bilder auf einem oder mehreren Blättern Papier.

Meine Gedanken zum dritten Kapitel:

„I have a dream today." Martin Luther King jr.

4. Aus den Träumen Ziele visualisieren

Der Tagtraum besteht aus vorwiegend unbewussten (manchmal auch verbotenen und anstössigen) Wünschen. Diese Wünsche müssen umgearbeitet werden, damit sie trotz der "Zensur" des Bewusstseins zum Ausdruck kommen dürfen (als der "manifeste Traum"). Diese Umarbeitung ist ein Teil der sogenannten "Traumarbeit", die mit der Verwandlung der ursprünglichen Wünsche beginnt. Diese erste Verwandlung erfolgt durch die Prozesse der "Verdichtung" und "Verschiebung." In der "Verdichtung" wird der mannigfaltige Tagtraum umgearbeitet, bis er für uns stimmt.

Die Tat unterscheidet das Ziel vom Traum.

Es ist jetzt Zeit, Träume zu erkunden. Wählen Sie einfach das Ziel aus, welches Ihnen am meisten bedeutet. Sie stehen nicht unter Zeitdruck. Jeder dieser Wege wird Sie ein wenig Aufwand kosten, aber dafür hält auch jeder Weg seine eigene Belohnung bereit. Es wird Ihnen grossen Nutzen bringen, wenn Sie anfangen, diese Anregungen umzusetzen. Hier geht es um die Praxis des Träumens. Ich habe deshalb nur so viel Theorie aufgenommen, wie ich für eine Anwendung der Techniken benötige. Bevor ich die einzelnen Techniken vorstelle, will ich Sie dazu anregen, über Ihr persönliches Ziel nachzudenken. Dieses Ziel soll Ihre Inspiration und Motivation und der innere Kern dessen sein, was Ihre Traumentwicklung für Sie wertvoll macht. Es bringt nichts, Ziele von anderen anzunehmen, ohne selbst mit Leib und Seele dahinter zu stehen. Je wichtiger und spannender Sie Ihr

eigenes Ziel finden, desto mehr Interesse und Antrieb werden Sie dadurch gewinnen. Gerade im Umgang mit Träumen habe ich schon häufig die Erfahrung gemacht, dass sie unmittelbar auf die Intensität meiner Wünsche und Gedanken reagieren. Je intensiver ich mich mit einem Thema beschäftigt habe, desto schneller zeigte es sich in meiner Traumwelt. Themen, die mir gleichgültig sind, spielen gewöhnlich auch in meinem Traumleben keine nennenswerte Rolle. Träume können durch eine hohe Konzentration auf ein Thema angeregt werden. Ob ein Thema in meinen Träumen auftaucht, scheint von der Intensität und Wichtigkeit abzuhängen, die ich dem Thema im Alltag einräume.
Ich empfehle daher, mit der Fähigkeit zu beginnen, sich an Träume zu erinnern und selbst Traumthemen anzuregen. Ausserdem empfehle ich, ein Thema zu wählen, das Sie momentan persönlich besonders interessiert.

Wenn Sie im Bereich der Traumentwicklung noch nicht so bewandert sind, werden Sie am Anfang vielleicht nur eine vage Ahnung haben, was Sie mit Ihren Träumen so alles machen können. Um Ihre Vorstellung ein wenig anzuregen, habe ich eine kleine Liste an Möglichkeiten zusammengestellt, die verschiedene Anwendungsgebiete andeutet.

Lesen Sie sich diese Anregungen in Ruhe durch und überlegen Sie schon einmal im Vorfeld, welche dieser Möglichkeiten Sie am meisten interessiert.

Ihre Träume können Ihnen dabei helfen,

- Lösungsmöglichkeiten für Ihre Probleme zu finden
- Ihr Selbstbewusstsein zu steigern
- Ihre geheimen Wünsche zu erfüllen
- sich selbst besser kennenzulernen
- kreativ schöpferische Ideen zu sammeln
- sich früherer Erlebnisse wieder bewusst zu werden
- andere Lebensperspektiven zu gewinnen
- Ihre Traumwelt nach eigenem Ermessen zu gestalten
- Abenteuer in fremden Welten zu erleben
- lebendiger und lustvoller zu werden
- sich Ihrer inneren Weisheit bewusst zu werden
- in die Zukunft zu schauen
- mit sich selbst ins Reine zu kommen
- ein ausgeglichener Mensch zu werden
- von Traumfreunden/-lehrern beraten zu werden
- sich Ihres eigenen Lebenssinns bewusst zu werden.

Sie haben eine grosse Auswahl an verschiedenen Möglichkeiten, die Sie anstreben können. Und je mehr Sie in Ihrer Traumentwicklung fortschreiten, desto mehr werden Sie davon umsetzen! Ich habe Ihnen einige Anregungen dazu gegeben, welche Ziele Sie wählen können. Wählen Sie nur eine dieser Möglichkeiten aus. Es geht nichts verloren – Sie können nach Ihren ersten Erfolgen Ihre Ziele beliebig erweitern. Wer sich anfangs zu viele Ziele setzt, riskiert, keines von ihnen so richtig zu erreichen.

Bauen Sie Ihre Fähigkeiten schrittweise aus – Sie stehen nicht unter Zeitdruck! Wichtig ist lediglich, dass Ihnen Ihr Ziel persönlich etwas bedeutet. Je intensiver Ihre Gefühle dabei beteiligt sind, desto mehr und schneller werden sich Erfolge einstellen.

Übung

Nehmen Sie sich jetzt die Zeit, über Ihre persönlichen Ziele und Wünsche Ihrer Traumentwicklung nachzudenken. Schreiben Sie Ihre Ideen nieder, damit Sie sie auch in Zukunft zur Verfügung haben. Lassen Sie alle Ideen zu, die Ihnen durch den Kopf gehen. Zensieren Sie sich nicht selbst – manche Dinge, die heute noch unmöglich erscheinen, können in naher Zukunft schon eine reale Möglichkeit sein. Machen Sie sich Notizen in Ihrem Notizbuch und entwickeln Sie Ihre Kreativität, indem Sie sich nicht nur auf das Schreiben beschränken, sondern auch mit Malen, Fotos, Basteln usw. experimentieren. Benennen Sie Ihre Träume mit einem Ziel!

Meine Gedanken zum vierten Kapitel:

„Wir geraten dann in eine Krise, wenn das Leben, das sich im Fluss befindet, an diesem Fliessen gehindert wird.“ D.T. Suzuki

5. Hindernisse auf dem Weg zur Realisierung erkennen

Um ein selbstbestimmtes und bewusstes Leben führen zu können, gilt es, vor allem zu erkennen, dass nur Sie selbst für Ihr Leben verantwortlich sind.

Der Aufruf zur Eigenverantwortung provoziert.

Eigenverantwortung anzunehmen bedeutet:

- Sie sind dafür verantwortlich, dass es Ihnen gutgeht.
- Sie selbst sind verantwortlich dafür, Ihre Ziele und Wünsche zu erreichen.
- Es liegt in Ihrer Verantwortung, ein erfülltes, glückliches Leben zu führen.

Tatsächlich aber machen wir unser Wohlbefinden oft abhängig von anderen Menschen, von den Umständen oder vom Schicksal. Unser Leben eigenverantwortlich in die Hand zu nehmen, ist deshalb nicht leicht. Wir sind es zu sehr gewohnt, uns gegenseitig die Verantwortung zuzuschieben und fühlen uns deshalb vielleicht bei solchen Aussagen provoziert.

Widerstände, Abwehr und Ängste sind ganz natürlich.

Die Aussage, dass jeder für sein Leben, für sein Wohlbefinden, sein Glück und seine Erfolge selbst verantwortlich ist, löst bei vielen Menschen Widerstände oder Ängste aus.

Wie geht es Ihnen damit? Rumort es in Ihrem Bauch? Möchten Sie widersprechen? Fühlen Sie sich überfordert oder unter Druck gesetzt?

Die Konsequenzen eines eigenverantwortlichen Lebens machen vielen Menschen Angst.

Vielen von uns bereiten solche Gedanken Unbehagen. Das Gewicht der Eigenverantwortung lastet auf unseren Schultern und wir setzen uns selbst unter Druck, fühlen uns vielleicht als Versager, wenn wir nicht so erfolgreich sind in Hinblick auf Erfüllung und Zufriedenheit. Vielleicht haben wir das Gefühl, bisher "alles falsch gemacht zu haben". Oder sagen Sie sich etwa, dass es schon zu spät sei, um noch etwas zu ändern? Mit solchen Aussagen nehmen Sie sich selbst die Möglichkeit, tatsächlich etwas zu tun und zu erreichen. Es ist nie zu spät, etwas zu verändern. Sie können jederzeit damit beginnen, Ihr Leben aktiver und eigenverantwortlicher zu leben. Sie müssen es nur wollen.

Eigenverantwortung heisst: mit der Erfahrung aus dem Gestern heute leben und nach vorne schauen.

Vielen von uns wurden Wunden zugefügt. Wir sind verletzt worden, enttäuscht, vielleicht betrogen. Viele von uns haben eine schlimme Kindheit erlebt oder hatten andere ungünstige Startbedingungen. All das hat zu bestimmten Einstellungen und Glaubenssätzen geführt, die wir für uns übernommen haben. Der Blick zurück ist wichtig, um solche Muster zu erkennen und herauszufinden, warum Sie sind, wie Sie sind. Erlauben Sie es sich, Mitleid mit sich zu haben, wenn es Ihnen schlecht ergangen ist. All das ist wichtig und vollkommen in

Ordnung. Aber von einem bestimmten Punkt an geht es darum, heute zu leben. Heute für sich selbst zu sorgen, damit es Ihnen morgen gutgeht.

Es liegt heute in Ihrer Hand, eigenverantwortlich für sich zu sorgen.

Auch wenn wir als Kinder vielleicht unseren Eltern ausgeliefert waren: Heute sind wir erwachsen und es liegt in unserer Hand, von nun an für uns selbst zu sorgen. Im Normalfall wird Ihnen das auch niemand abnehmen. Wir müssen selbst dafür sorgen, dass es uns gut geht, dass wir glücklich und zufrieden sind, und dass wir erreichen, was uns wichtig ist.

Ein eigenverantwortliches Leben ist ein grosses Ziel.

Es ist manchmal hart, für unser Leben selbst die Verantwortung zu übernehmen. Dann können wir uns schnell als Versager fühlen, weil wir es z.B. "einfach nicht schaffen, glücklicher zu sein". Ein erfülltes Leben zu leben, ist ein grosses Ziel. Sie haben sich viel vorgenommen, wenn Sie glücklich und zufrieden sein wollen. Sehen Sie sich deshalb Fehler und Rückschläge nach. Es geht immer wieder auch mal runter. In manchen Phasen gehen wir vielleicht drei Schritte vorwärts und zwei wieder zurück. Aber auch so kommen Sie voran! Geben Sie sich genügend Zeit und gönnen Sie sich Ruhepausen. Eigenverantwortung heisst auch, gut für sich zu sorgen.

Übung

Denken Sie an ein vergangenes Ereignis, bei welchem Sie sich beim Ergebnis geärgert haben. Dabei denken Sie, dass Sie der einzige Mensch sind, der sich ärgern kann („Ich ärgere mich, dass ich mich ärgere“). Sie können das Ereignis gedanklich visualisieren oder aufschreiben. Nun gehen Sie in die Situation plastisch zurück und ändern Sie alle Details, bis sie für Sie stimmen und das Ergebnis so ist, wie sie es wollten, ohne Probleme, ohne Hindernisse, ohne Ärger. Sie können es beliebig auch mit Ihrer Zukunft tun: Sie visualisieren sich am erfolgreichen Ziel und von dort an kehren Sie langsam in die Gegenwart zurück. Auf dem Weg finden Sie vielleicht Hindernisse und Stolpersteine. Beobachten Sie die Probleme und finden Sie die geeignete Lösung, bis sie für Sie stimmt.

Meine Gedanken zum fünften Kapitel:

____

____

____

____

____

____

____

____

____

„Du Ungeduld! Du suchst den Schatz des Glücks in der Schale einer Nuss. Aber die Schönheit und das Glück sind reicher als wir und haben tausend Wege und tragen Früchte auf allen Bäumen.“ Hermann Hesse

6. Hindernisse (Mangel) überwinden und in Lösungen (Fülle) umwandeln

Das "Geheimnis der Fülle": Das Gegenteil von Mangel ist Fülle. Was wäre, wenn Sie sich auf das konzentrieren, was Sie sich wünschen?

Hier folgen ein paar Gedanken nach der Lektüre von Neale Donald Walshs kleinem Buch "Rechtes Leben und Fülle" – natürlich angereichert mit einer Menge an Informationen aus anderen Quellen, die aber alle zusammenpassen und ein gerundetes Gesamtbild ergeben.
Bitte beachten Sie deshalb: Die folgende Passage wurde durch die Lektüre angeregt, sie gibt nicht den Inhalt oder die Botschaft von Walshs Buch wieder. Es sind Gedanken des Autors, die natürlich auf der Grundlage seines Vorwissens, seiner philosophischen Neigungen und anderer Faktoren beruhen.

Der Schöpfungsprozess verläuft so: **Gedanke → Rede → Handlung → Ergebnis** (*das, was wir am Ende haben.*)

Anders ausgedrückt lautet das universelle Prinzip der Fülle:
„Unser Inneres schafft unser Äusseres.“ Das, worauf du dich am meisten konzentrierst, ist das, was du hervorbringst und wachsen lässt. Das Innen schafft das Aussen: Das, was unsere Aufmerksamkeit erhält, erhält Leben! Und das Prinzip des Lebens ist Vermehrung. Also achte darauf, wohin du deine

Aufmerksamkeit richtest! Aufmerksamkeit ist Leben. Das Prinzip des Lebens ist Vermehrung.
Wir haben gelernt, dass uns nur harte Arbeit den Erfolg bringen wird; wir haben erfahren, dass wir zu wenig Zeit und zu wenig Geld haben. Was geschieht nach dem angeführten Prinzip, wenn wir uns auf Dinge konzentrieren wie:

- Ich muss etwas für meinen Erfolg tun
- Ich habe zu wenig Zeit
- Ich habe zu wenig Geld

Wir sehen doch ganz klar, dass dieses Prinzip – *"das, worauf du dich am meisten konzentrierst, ist das, was du hervorbringst und wachsen lässt,"* – uns Folgendes sagt: Wenn wir uns konzentrieren auf:

- *"etwas für den Erfolg tun müssen"*, ist daraus die Schlussfolgerung: ***Wir müssen mehr für den Erfolg tun!***
- *"zu wenig Zeit haben"*, ist daraus die Schlussfolgerung: ***Wir haben weniger Zeit!***
- *"zu wenig Geld haben"*, ist die Schlussfolgerung: ***Wir haben weniger Geld!***

Das wirft doch gleich die Frage auf:

Wenn ich denke, etwas für den Erfolg tun zu müssen, an welchem Punkt werde ich sagen können: „Ich bin erfolgreich“? Irgendwann in der Zukunft? Wenn ich denke, nicht genug Geld zu haben, wann werde ich genug haben? Bei einer Million? Bei zwei oder drei? Oder wird es nie "genug" sein?

Tipp
"Ohne Mut und Entschlossenheit kann man in grossen Dingen nie etwas tun, denn Gefahren gibt es überall."
Carl von Clausewitz

Man landet also am Ende bei dem, womit man begonnen hat. Wenn ich den Tag beginne mit der Idee "Ich muss mich um meinen Erfolg kümmern!", womit werde ich ihn beenden? Mit dem Beweis, dass ich mich um meinen Erfolg kümmern muss, weil er ja noch nicht eingetreten ist und keine Chance hat, je einzutreten! Was ich denke (innen), schafft Ergebnisse (aussen), nämlich das, was ich habe.

Warum also nicht mit Fülle beginnen?

Eine kleine Eichel trägt das genetische Potenzial in sich, eine riesige, mächtige, weit ausladende Eiche zu sein. Ihr Leben beginnt mit Erfolg und die ganze Fülle ist in eine kleine Hülle gepackt. Sie beginnt als Erfolg. Sie beginnt als Same der Fülle. Und womit beginne ich? Beginne ich als Same der Fülle oder als Same der Kargheit? Gedanken wie "Ich habe nicht genug", "Ich brauche etwas für den Erfolg", "Ich habe zu wenig Zeit" usw. sind allesamt Samen der Kargheit.
Sich auf das zu konzentrieren, was man nicht hat, bedeutet, dass man mehr davon anzieht. Es ist nur nötig, sich bewusst zu machen, dass genug von allem da ist! Du bist schon ein Gewinner. Du hast schon Erfolg. Du hast genug Zeit. Du hast genug Geld.
Wir wurden geboren mit dem genetischen Potenzial zum Erfolg.

Aber wir wurden einer Umprogrammierung unterzogen; unsere Erziehung, unsere Gesellschaft, unser Alltag – alle von derselben Philosophie, von derselben Grundidee bestimmt – "programmierten" uns zum Glauben, nicht erfolgreich zu sein, indem sie uns auf das konzentrieren liessen, was wir nicht haben.
Wir können niemals erfolgreich "werden" oder genug Geld „haben“ oder genug Zeit „haben“, ausser wir hören auf, uns auf den Mangel zu konzentrieren, und lernen, uns neu auf Fülle und Erfolg auszurichten.

Wenn wir unsere Aufmerksamkeit auf das richten und fokussieren, was wir nicht haben, verlieren wir einen Teil der Fülle. Wir kommen als 100% Fülle zur Welt, dann werden wir 90% Fülle, oder 60% Fülle, oder 30% Fülle ...
Wenn wir uns darauf konzentrieren, etwas "tun zu müssen", bedeutet das, dass wir immer mehr tun müssen, um erfolgreich zu sein, und wir reduzieren in Wahrheit den Massstab unserer Fülle und verlieren den Blick auf das, was wir wirklich sind. Doch die Wahrheit ist:

- Wir beginnen im Leben mit 100% Fülle
- Wir beginnen im Leben mit 100% Erfolg
- Wir beginnen im Leben mit 100% genug von allem

Wir sind bereits erfolgreich, wir haben bereits genug. Wenn wir etwas tun, versuchen wir nicht zu werden, wir erweitern einfach das, was wir schon haben und lassen es wachsen.
Konzentriere dich auf Mangel, und was zeigt sich in deinem Leben? Grösserer Mangel.
Konzentriere dich auf Fülle, und was zeigt sich in deinem Leben? Mehr Fülle.

Konzentriere dich auf Mangel und du gibst damit deine Macht auf. Du gibst auf, wer du bereits bist und tauschst es ein gegen diese Gedanken an Mangel und Knappheit. Konzentriere dich auf das, was du nicht hast, und noch mehr "nicht haben" wird sich in deinem Leben zeigen und wachsen. Konzentriere dich auf dein Versagen und deine Fehler, und was glaubst du, wird sich in deinem Leben zeigen und mehr werden?

Diese Gedanken an Knappheit und Mangel, das bist nicht wirklich du. Du bist immer 100% Fülle!

Übung
Wie kann ich das umsetzen?

1. Führen Sie ein Fülle-Journal (Tagebuch)!
Schreiben Sie täglich zehn Dinge auf, für die Sie dankbar sind. Schreiben Sie täglich zehn weitere Dinge auf, für die Sie sich selber anerkennen oder loben. Machen Sie das jeden Tag. Überlegen Sie: Woran denken Sie, bevor Sie abends zu Bett gehen? An die schief gegangenen Dinge oder an die gelungenen Dinge? Grübeln Sie und fokussieren Sie auf das Misslungene? (Und raten Sie mal, was Sie damit anziehen.)

2. Ersetzen Sie Ihre "Arbeiten"-Liste durch eine "Sein"-Liste!
Statt "Aufgaben, die ich erledigen will", zählen Sie "Eigenschaften, die ich haben will" auf. Universelle, innere Eigenschaften der Fülle schliessen ein: Wer möchten Sie sein? Welche Eigenschaften möchten Sie besitzen und meistern? Arbeiten Sie täglich daran zu sein, wer Sie sein möchten. Entwickeln Sie Ihr eigenes Wertesystem!

3. Feiern Sie Ihre Siege und Abschlüsse!

Jedes Mal, wenn Sie etwas gut machen, etwas, bei dem Sie ein Gefühl des Erfolgs haben, etwas Vollbrachtes, egal wie klein es sein mag: **Feiern Sie es**!

„Das, worauf du dich am meisten konzentrierst, ist das, was du hervorbringst und wachsen lässt. Das Innen schafft das Aussen, Aufmerksamkeit ist Leben. Das Prinzip des Lebens ist Vermehrung.“

- Gedanken und Emotionen sind Kräfte
- Gedanken erzeugen Gefühle, diese erzeugen Handlungen
- Gedanken geben Richtung – Emotionen geben Kraft

Meine Gedanken zum sechsten Kapitel:

„Der beste Weg, die Zukunft vorauszusagen, ist sie zu gestalten."
Willy Brandt

7. Die Vergangenheit über die Zukunft in der Gegenwart loslassen

Unsere Kindheit prägt unser Leben, und dies bleibt unbestritten so lange so, wie wir sie mit einem Tunnelblick anschauen. Natürlich sind unsere Eltern unsere unvermeidlich ersten Vorbilder, und da wir als Kinder nur durch Nachahmen lernen, übernehmen wir Gesten, Denkweise, Haltung, Werte und vieles mehr von dieser ersten Begegnung. Wie ein fleissiger Computer speichern wir alle diese Informationen, die zu einem späteren Zeitpunkt und dann immer zu unserer Verfügung stehen. In dieser ersten Lebensphase haben wir noch nicht die Fähigkeit zu reflektieren, ob das, was wir sehen, hören oder auch imitieren, das Richtige für uns ist. Wir nehmen das Erlernte entgegen und gehen davon aus, dass es stimmt. Kinder sind von Natur aus sehr neugierig und offen für das Abenteuer und lernen mit beneidenswerter Leichtigkeit. Es ist, wie wenn das Kind mit einem leeren Rucksack auf die Welt kommen und ihn mit all diesem ungefilterten Material füllen würde.

Diese ungefilterten Materialien sind zwangsläufig auch die Zutaten, aus denen unsere Persönlichkeit gewebt wird. Wir können einen Blick in unsere Kindheit werfen, und mit unglaublicher Präzision werden wir viele kleine Puzzleteile vorfinden, aus denen unser heutiges Konstrukt zusammengesetzt ist. Es sind punktuelle und sehr scharfe Bilder, die in unserer Erinnerung gespeichert sind. Aus heutiger Sicht einer erwachsenen Person können diese Bilder und Erinnerungen als Bagatellen erscheinen. Doch für ein Kind hatten sie eine andere Dimension und werden, wenn später nicht umgewandelt, für das ganze Leben Konsequenzen haben. Vielleicht haben unsere Eltern eine sehr distanzierte Umgangsart gepflegt: Später haben wir Mühe mit Körperkontakt. Vielleicht waren unsere Eltern sehr analytisch und pragmatisch: Dann sind wir für das Unerwartete nicht offen. Vielleicht haben unsere Eltern nur über Angelegenheiten anderer Menschen gesprochen: Dann fällt uns eine wertfreie Kommunikation sowie über unsere eigenen Gefühle und Bedürfnisse zu reden sehr schwer. Das sind nur ein paar Beispiele einer unendlichen Liste von Möglichkeiten. Worüber wir uns an dieser Stelle klar sein sollen ist, dass unsere Eltern das Beste gegeben haben, was auch immer wir in unserer Kindheit erlebt haben. Es geht hier nicht um ein Urteil oder um eine Analyse. Es geht hier um Erkenntnisse, die uns zu einer radikalen Veränderung helfen.

Übung

Gehen Sie an Ihren Lieblingsort. Das kann in der Natur sein, in Ihrem eigenen Zimmer oder auch in einem Café. Hauptsache, Sie fühlen sich wohl dort und sind ungestört. Nehmen Sie sich genügend Zeit, um folgende Fragen in Ihr Tagebuch zu beantworten:

- Welche ist meine erste Erinnerung meiner Kindheit? Welches Bild, welches Gefühl, welche Emotion und welche Gedanken sind mit ihr verknüpft?
- Wie habe ich meine Eltern erlebt?
- Welche Glaubenssätze habe ich von Ihnen übernommen?

- Welche Wertvorstellungen habe ich von Ihnen übernommen?
- Welche Grundstimmung hat meine Kindheit begleitet?

Anschliessend können Sie sich Gedanken über diese Erkenntnisse machen und sich fragen, was heute für Sie noch stimmt und welche neuen Glaubens- und Gedankenmuster sowie welche neuen Werte Sie in Ihr Leben integrieren möchten.

Tipp
Anstatt Groll oder Wut gegenüber Ihrer Eltern oder Ihrer Erziehungsperson können Sie eine warme Umarmung mit Gefühlen der Verzeihung und des Verständnisses visualisieren und spüren.

Mit dieser Übung haben wir einen klaren Überblick gewonnen, woher wir welche inneren Haltungen übernommen haben und durch welche Ereignisse. Dies sind wertvolle Erkenntnisse. Viele Muster unserer Persönlichkeit zeigen sich erst, wenn im Aussen ein ähnliches Ereignis stattfindet, das auch für jenes Verhaltensmuster verantwortlich ist. Automatisch und unbewusst reagieren wir in einer Situation, auch wenn diese Reaktion oft zu einem für uns unerwünschten Ergebnis führt. Wir haben sozusagen ein programmiertes Bewusstsein, das exakt dies anzieht. Wir können beobachten, dass „familiäre“ Traditionen sich mit der Zeit wiederholen. Wir sind mit der Belastung eines gefüllten Rucksacks unterwegs.

Diese Bilder der Kindheit, die wir in uns tragen, können zum Teil unser Erwachsenwerden hindern und zu Blockaden führen. Ich möchte dies mit einem kleinen Beispiel ans Licht bringen. Nehmen wir an, wir haben während unserer Kindheit aus welchem Grund auch immer geweint und unsere Mutter war sehr distanziert und kalt. Als wir auf ihr Verständnis und ihren Trost hofften, ernteten wir Gleichgültigkeit. Mit der Zeit haben wir gedacht, dass Weinen unerwünscht, nicht gut sei. Als erwachsene Person werden wir diese Emotion kontrollieren und unterdrücken. Für viele Eltern bedeutet weinen „schwach sein“ und vor allem bei Knaben wird es untersagt. „Männer weinen nicht!“ Ungeweinte Tränen können zu Krankheiten führen, und dies weiss die Homöopathie sehr gut. Was tragen wir noch im Rucksack der Kindheit? Das ist für mich eine essentielle Frage, die wir mit Geduld, Neugier und Freude beantworten können. Die „instant therapy“, die in den angelsächsischen Ländern praktiziert wird, verspricht ja eine grundsätzliche Veränderung in einer Kurztherapie. Aber die wesentlichen Schritte zu dieser Veränderung schöpfen ihren Erfolg aus Geduld, Ausdauer und Disziplin.

Es scheint mir unvermeidlich, wenn wir diese Etappe der persönlichen Reise und Entwicklung erreichen, dass wir uns einen Zwischenstopp erlauben. Der so lange getragene Rucksack, mit höchstwahrscheinlich sogar vergessenem Ballast, möchte hier geöffnet und von der unnötigen Schwere befreit werden. Dies ist eine der herausforderndsten Aufgaben unseres Daseins. Plötzlich erkennen wir, dass wir gelebt werden: In dem Rucksack finden wir nicht Teile von uns vor, sondern Werkzeuge, die uns aus verschiedensten Quellen mitgegeben wurden. M. Scott Peck, ein hervorragender, leider verstorbener amerikanischer Psychotherapeut, bringt es auf den Punkt in seinem lesenswerten Buch „Der wunderbare Weg“:

> *(...) Das leuchtet zwar ein, doch die meisten Leute ziehen es vor, dies in grösserem oder geringerem Grade zu ignorieren. Sie ignorieren es, weil unser Weg zur Realität nicht leicht ist. Zunächst einmal sind wir nicht mit Landkarten auf die Welt gekommen; wir müssen sie uns selbst entwerfen, und ihre Herstellung fordert Anstrengung. (...) Das grösste Problem hinsichtlich dieser Landkarten aber ist nicht, dass wir damit bei null anfangen müssen, sondern dass wir unsere Karten ständig revidieren müssen, wenn sie zutreffend sein sollen.*

Erkennen und aufräumen sind anstrengende Arbeiten, die aber sehr befriedigend sind. Nachdem wir sie geleistet haben, werden wir eine unbeschreibliche Leichtigkeit spüren wie auch die Bereitschaft, unsere innere Welt mit einem neuen und von uns ausgewählten Inhalt zu füllen. Diese Anstrengung lohnt sich auf jeden Fall und ich möchte Ihnen empfehlen, liebe Leserin, lieber Leser, sie in Kauf zu nehmen.

Es ist der Anfang eines neuen Lebens. Eine neue Geburt. Wir haben die grossartige Möglichkeit für eine zweite Kindheit. Ja, nachdem wir uns dafür entschieden haben, und zwar aus unserem Herzen und mit voller Kraft, können wir uns neu entfalten wie eine wunderbare Blume oder eine Raupe, die zu einem farbigen und freien Schmetterling wird. Wir lassen die Vergangenheit los und schreiben in der Gegenwart eine neue Zukunft. Wir schliessen ein Kapitel unserer Biografie ab und beginnen ein vollkommenen neues Kapitel. Fühlen Sie auch das schöne Gefühl, das jetzt entsteht? Vor uns liegen weisse Seiten, die nur warten, dass wir sie mit Leidenschaft und Enthusiasmus füllen. Wir und nur wir bestimmen, was darin geschrieben wird und wie unsere eigene Biografie aussehen wird. Wir sind wieder zum Kind geworden und dort wartet Kreativität, Freude und Neugier. Wir können nun schöpfen aus dieser unendlichen Quelle!

Übung

Die beste Geschichte schreibt das Leben selbst. Nehmen Sie Ihr Arbeitsbuch und Ihren Stift zur Hand und entwerfen Sie in fünf verschiedenen Szenarien, wie Sie aus Ihrer Kindheit dorthin gelangt sind, wo Sie heute stehen. Das erste Szenario soll der Wirklichkeit entsprechen. In den anderen vier Versionen dagegen dürfen Sie Ihrer Fantasie freien Lauf lassen. Berücksichtigen Sie dabei, dass folgende Punkte integriert sind:

- Träume
- Wünsche
- Visionen

in privater, beruflicher, gesundheitlicher Hinsicht.

Zu einem späteren Zeitpunkt können Sie diese „Romane“ zukunftsorientiert vervollständigen.

Meine Gedanken zum siebten Kapitel:

____

____

____

„Was du liebst, lass frei. Kommt es zurück, gehört es dir – für immer."
Konfuzius

8. Freiraum schaffen

Damit eine neue Sache richtig zum Vorschein kommen kann, muss für sie immer erst Platz geschaffen werden! Ohne diese „Säuberung" ist es nicht möglich, das Neue zu kreieren!

Gedanken zum Loslassen:
Loslassen zu können, ist etwas vom Wichtigsten im Leben. Durch Loslassen können wir unsere Ziele mit weniger Aufwand erreichen. Nur wenn wir loslassen können, haben wir wieder zusätzliche freie Kapazität für neue Denkanstösse. Wenn einem das Loslassen fremd vorkommt, ist es höchste Zeit, darüber etwas zu erfahren. Leben ist fliessen, und festhalten ist Tod. Ohne Freiraum ist ein Ende vorprogrammiert. Mit dem Loslassen kommen neue Ideen. Mit dem Festhalten wird alles getötet. Es ist nur eine Frage der Zeit. Ohne loszulassen kann das Ziel nicht erreicht werden. Darum ist es so wichtig, dass wir zuerst den Ist-Zustand akzeptieren. Erst dann können wir uns ein Ziel setzen und loslassen. Was wir nicht akzeptieren, kreist weiter in unserem Denken, wir können es nicht loslassen, und wir sind nicht aufnahmefähig für das Neue.

Wenn wir das IST einmal akzeptiert haben, regen wir uns darüber auch nicht mehr auf.

Ohne Loslassen schaffen wir immer wieder neue Probleme. Wenn wir einen Ist-Zustand bekämpfen, lösen wir keine Probleme. Wir können ja nicht über eine hohe Latte springen, wenn wir nicht zuerst akzeptieren, dass eine Latte da ist. Auch nur wenn wir verzeihen können, können wir loslassen. Ebenso müssen wir das Kopfdenken loslassen können, sonst konzentrieren wir uns nur auf einen Weg. Setzen wir einmal unser Herzdenken ein, dann wird uns unser höheres Bewusstsein viele mögliche Wege zeigen, die zum Ziel führen. Blockieren wir die unendlich vorhandene Energie nie durch Festhalten! Loslassen heisst nicht, verdrängen oder auslöschen. Loslassen bedeutet sich frei zu machen für das Neue.

Wer sich verbissen auf ein Ziel konzentriert, begrenzt sich und kann nicht mehr klar und locker denken. Es kommt zu einer Verkrampfung, statt zu einer optimalen Lösung. Also müssen wir das Loslassen üben. Geben wir uns selber dazu den Befehl: "Jetzt lasse ich das los". Nach kurzer Zeit werden wir die neu gewonnene Freiheit geniessen.

Übung

Loslassen (alltagstaugliche Übungen, auch einzeln anwendbar)

Unangenehmer Stress kann unmittelbar reduziert und das Wohlbefinden gesteigert werden, indem Sie die nachfolgenden Techniken für sich selbst anwenden:

- Gönnen Sie sich ein paarmal **intensives Gähnen**, das von **Tönen** begleitet sein darf, während Sie mit den Fingerspitzen Ihre Kiefergelenke massieren (am besten bei offenem Fenster).
- Atmen Sie tief ein und aus, legen Sie dann eine

Atempause ein, während der Sie rückwärts von 6 nach 0 zählen; wiederholen Sie dies 4-mal. Schütteln Sie evtl. den Körper dabei leicht vibrierend.

- Identifizieren Sie ihr akutes Stresssymptom: Unruhe? Erschöpfung? ...

Überprüfen Sie dabei Ihre emotionale Befindlichkeit, die mit diese Symptom verbunden ist: Fühlen Sie sich melancholisch? ärgerlich? ängstlich?

- bei Unruhe, Melancholie oder Traurigkeit:
Halten Sie mit zwei Fingern gleichzeitig Ihre beiden Augenbrauenpunkte (Ansatz der Augenbrauen in der direkten Nachbarschaft Ihrer Nase), und atmen Sie tief durch, bis die Unruhe nachlässt.
- bei Ärger und Wut:
Halten Sie mit zwei Fingern Ihre beiden Augenwinkelpunkte (links und rechts neben den Augen) und atmen Sie mehrfach tief durch, bis das Gefühl von Ärger und Wut nachlässt.
- **bei Angst:**
Halten Sie mit zwei Fingern die beiden Punkte mittig unterhalb des Auges auf dem Jochbeinknochen und atmen Sie mehrfach tief durch, bis die Angst nachlässt.
- **bei Erschöpfung, Niedergeschlagenheit, Resignation:**
Halten sie mit dem Daumen der einen Hand auf dem Handrücken der anderen Hand den Punkt zwischen Kleinfingerknöchel und Ringfingerknöchel eine halben Zentimeter unterhalb, dann umgekehrt, bis die Erschöpfung nachlässt.

- Sprechen Sie dreimal die nachfolgende Affirmation, während Sie dabei gleichzeitig die Region unterhalb

Ihres linken Schlüsselbeins grossflächig in Uhrzeigerrichtung (von innen nach aussen) massieren:

„Ich akzeptiere mich voll und ganz mit all meinen Stärken und Schwächen.“

- Danach beschreiben Sie mit Ihren Augen in mehreren Durchläufen eine **liegende Acht**, **summen** evtl. dabei eine **Melodie,** und **malen** Sie die liegende Acht.
- Zwinkern Sie kräftig mit den Augen, atmen Sie tief ein und aus und sagen Sie dann, wenn möglich laut: „**Ich lasse meinen Stress los**.“
- Klopfen Sie jetzt mit der rechten Faust fest auf Ihr Brustbein (Thymus-Klopfen) und sprechen Sie dabei folgende (oder ähnliche passende) Affirmationen:

„Ich vertraue dem Leben.“
„Ich verzeihe mir, dass ich mich so gestresst habe.“
„Ich verzeihe all denen, die es mir schwer gemacht haben.“

Als Schutz und guten Abschluss, jedoch auch zwischendurch in unangenehmen Situationen, nutzen Sie die **Reissverschluss-Übung**, indem Sie sich in Ihrer Vorstellung mit einem Schutzmantel umhüllen und dann symbolisch von den Zehenspitzen bis zum Kinn den Reissverschluss zuziehen.

Meine Gedanken zum achten Kapitel:

„Es macht die Wüste schön, dass sie irgendwo einen Brunnen birgt.“ Antoine de Saint-Exupéry

9. Hoffen, glauben – oder noch besser: lieben?

Haben Sie sich schon Gedanken gemacht über den Unterschied zwischen hoffen und glauben? Mittlerweile haben wir die Macht der Gedanken kennengelernt, die wir oft unterschätzen. Wir haben gelernt, dass wir mit Hilfe der Beobachtung unserer Gedanken – mit dem bewussten Modellieren der Gedanken – unsere Zukunft mit unseren Visionen gestalten können.

Hoffen, glauben und lieben sind sehr wichtige Tugenden – so genannte theologische Tugenden, die wir nun bewusst in unserem täglichen Mentaltraining integrieren dürfen.

Hoffen, glauben und lieben zeichnen einen erwachsenen Menschen aus. Hoffnung ist durchaus kein Vertrösten auf etwas Irreales. Menschen, die gehofft haben, haben die Welt verändert. Nelson Mandela hat jahrzehntelang im Gefängnis darauf gehofft, dass das unmenschliche Apartheitsregime in Südafrika zusammenbricht. Jeder Forscher, der sich um Impfungen gegen lebensbedrohliche Krankheiten bemüht, hofft darauf, irgendwann das richtige Serum zu finden. Hoffnung bewahrt vor Resignation. Wer hofft, kämpft und wirkt auch solidarisch. Hoffnung blickt nach vorn. Wer ohne Hoffnung ist, blickt in den Abgrund. „Lasst, die ihr eingeht, alle Hoffnung schwinden“, steht in Dantes „Göttlicher Komödie“ über dem Eingang zur Hölle. Es kommt nichts mehr, wenn die Hoffnung verschwunden ist. Die Hoffnung artikuliert sich praktisch in der Tugend der Geduld, die im

Guten auch in der scheinbaren Erfolglosigkeit nicht nachlässt, und in der Tugend der Demut, die Gottes Geheimnis annimmt und ihm auch im Dunklen vertraut. Unsere Ideen, Träume und Visionen beschreiben sehr schön die Kraft der Hoffnung für ein gelingendes Leben. Oder, kurz gesagt mit einem Wort Goethes aus „Torquato Tasso“: „Wir hoffen immer, und in allen Dingen ist besser hoffen als verzweifeln.“ Wer hofft, sollte die Hoffnung mit anderen teilen. Das ursprüngliche altgermanische Wort für „Tugend“ bedeutet auch "Kraft". Hoffnung hat die Kraft, zu verändern. Deswegen ist es so wichtig, die Hoffnung zu teilen und anderen Menschen Hoffnung zu geben.

Der Glaube kann Berge versetzen, sagt der Volksmund. Er hat das von der Bibel gelernt. Im Matthäus-Evangelium sagt Jesus: „Amen, das sage ich euch: Wenn euer Glaube auch nur so gross ist wie ein Senfkorn, dann werdet ihr zu diesem Berg sagen: Rück von hier nach dort!, und er wird wegrücken. Nichts wird euch unmöglich sein.“

Aber kann denn Glauben eine Tugend sein? Ist nicht vielmehr die kritische Prüfung Aufgabe eines jeden Menschen, so dass man eben nicht alles sofort glaubt, was einem präsentiert wird?

Den Glauben als Tugend zu verstehen, heisst, bereit zu sein, Fragen zu stellen und Vertrauen zu zeigen. Dem Menschen steht es frei, zu glauben oder nicht zu glauben. Wer glaubt, kann Berge versetzten und Wunder wirken. Denn wer glaubt, hat Vertrauen. Dann ist keine Aufgabe zu gross oder zu schwer.

Wer liebt, weiss sich angenommen. Wer liebt, lebt für das Wohl eines anderen Menschen. Wer liebt, lebt ohne

Vorbedingung. Wer liebt, hofft, weil ihn selbst in der Einsamkeit und Dunkelheit Bilder des geliebten Menschen begleiten und auf helle Zeiten verweisen. Wer liebt, ist mit schöner Blindheit geschlagen. Das, was an anderen Menschen vielleicht negativ erscheint, verschwindet und/oder wird nun zu einem besonders reizvollen Merkmal. Der Geliebte wird, bei allen Unzulänglichkeiten, zum schönsten Mann auf der Welt. Die Geliebte wird zur klügsten Frau. Und das, was störend bleibt, wird gnädig mit dem Schleier der uneingeschränkten Zuneigung verdeckt. Wer die Liebe überstrapaziert, wird enttäuscht werden, weil es Liebe ohne Freiheit, ohne gegenseitige unbedingte Anerkennung nicht geben kann. Niemand kann zur Liebe gezwungen werden. Deswegen ist die Liebe auch etwas sehr Fragiles, das ausbalanciert und gepflegt werden muss. Die Liebe ist umsonst; sie wird nicht geschenkt, um andere Ziele zu erreichen. Wer liebt, gibt sich selber zum Geschenk.
"Die Liebe ist langmütig, die Liebe ist gütig. Sie ereifert sich nicht, sie prahlt nicht, sie bläht sich nicht auf. Sie handelt nicht ungehörig, sucht nicht ihren Vorteil, lässt sich nicht zum Zorn reizen, trägt das Böse nicht nach. Sie freut sich nicht über das Unrecht, sondern freut sich an der Wahrheit. Sie erträgt alles, glaubt alles, hofft alles, hält allem stand. Die Liebe hört niemals auf."

Nun werden Sie sich fragen, ob glauben, hoffen und lieben wirklich etwas mit Mentaltraining zu tun haben, ob sie Ihnen helfen werden, Ihre Ziele zu erreichen, und sehr wahrscheinlich, ob Sie von ihnen nicht schon immer und ewig Gebrauch gemacht haben. Machen wir gleich einen kleinen Test. Auf Grund Ihrer Antworten werden Sie schnell erkennen, ob hier und dort noch eine kleine Revision nötig ist oder nicht.

Übung

Bitte füllen Sie nun die Checkliste auf Seite 84 aus.

Meine Gedanken zum neunten Kapitel:

„Du musst selbst zu der Veränderung werden, die du in der Welt sehen willst." Mahatma Gandhi

10. Aufbruch

Irgendwann tauchen Fragen in uns auf: Weshalb bin ich hier? Wie kann ich meine Fähigkeiten ausdrücken? Was sind meine Aufgaben? Was ist meine Bestimmung, mein Ziel? Eine Ahnung ist immer in uns und wir benötigen manchmal nur einen Hinweis, der uns oft von aussen entgegenkommt, oder der uns aus dem Innern, aus der Stille aufsteigt. Danach ist Vertrauen und Glaube notwendig. Wir setzen uns dann die Ziele, die mit unserem Potenzial, unserem Können und unseren Ausbildungen in Einklang stehen. Sicher möchten wir für uns erreichen, dass wir eine befriedigende Arbeit tun, dass wir vielleicht mit Menschen umgehen und dass in all unserem Tun die Entwicklung stattfindet, die für uns wichtig ist. Es geht um Selbst-Verwirklichung!
Mut zum Aufbruch – ein Thema, das wohl jeden von uns mehr oder weniger angeht. Ist nicht das ganze Leben ein Fliessen, ein Aufbrechen und Weitergehen in die Zukunft? Und doch gibt es Zeiten, in denen der Aufbruch zu Neuem, Unbekanntem, nicht im normalen Fluss des Alltags geschieht, sondern zu einem aktuellen Lebensthema wird. In solchen Zeiten geht vieles zusammen.

Umbruch – Abbruch – Aufbruch

Sie befinden sich sehr wahrscheinlich in einer solchen Umbruchssituation. Sie suchen nach einem neuen Weg, nach neuen Perspektiven in Ihrem Leben.

Nehmen wir folgendes Beispiel: Wenn Sie wirklich eine ganz andere Berufung haben, so müssen Sie, um Ihr Leben nicht zu verpassen, den sehr langen und entbehrungsreichen Weg zu Ihrem eigentlichen Beruf unter die Füsse nehmen. Ist es jedoch so, dass Sie eigentlich den richtigen Beruf gewählt haben, was wohl der häufigste Fall sein wird, so müssen Sie sich Ihrer Berufung stellen und zwar auch in seiner sozialen Dimension, d.h. als Dienstleistung für Ihre Mitmenschen. Jahrelang können Sie sich scheinbar ungestraft durchwursteln, Ihren Job schlecht und recht ausführen, ohne dass etwas Dramatisches passiert. Dabei schwindet ganz unmerklich die Lebensfreude, alles verleidet Ihnen. Stehen Sie kurz vor einem Entschluss, z.B. einer Kündigung, kommt vielleicht eine Lohnerhöhung oder der Chef wechselt, und es geht einigermassen weiter. "Man bringt sich über die Runden." So zu leben bedeutet, schon halb gestorben zu sein.

Sie müssen sich selber gegenüber ehrlich sein, erkennen, ob Sie kompromisslos hinter Ihrer Aufgabe stehen oder ob Sie sich aus Trägheit, Ängstlichkeit, Konfliktscheu um das Notwendige drücken und jede Bereitschaft zur Wandlung vermissen lassen. Widmen Sie sich nicht rückhaltlos Ihrer Aufgabe, werden Sie über kurz oder lang depressive Verstimmungen oder körperliche Symptome bekommen. Sie dürfen nicht einen "Papa" oder eine "Mama" im Hinterkopf behalten, der oder die für Sie die Probleme löst. Es ist dumm, mit angezogener Handbremse und schleifender Kupplung zu fahren. Sie müssen nicht auf das starren, was Sie stört, sondern sehen, was Sie schwächt.

Was ist meine eigentliche, tiefe Absicht? Entstammen meine Gedanken einer liebevollen, wachstumsfreundlichen Grundabsicht oder denke ich an Abbruch anstatt an Aufbruch? Helfen mir meine Gedanken, mich so zu fühlen, wie ich es wünsche? Entwerfe ich mir ein persönliches realistisches Programm? Erkenne ich meinen Lebenslauf, meine Lebensphase, meine aktuelle Situation als Tatsache an und als Basis für eine weitere Entfaltung? Um sich mit diesen Fragen ernsthaft zu befassen, ist es notwendig, regelmässig einen Raum der Stille aufzusuchen und sich immer wieder die Frage zu stellen: „Was tue ich da?"

Übung

Hilfreiche Fragen zu Ihrem persönlichen Aufbruch:

- Bin ich wirklich im Hier und Jetzt verankert?
- Was nährt mich?
- Was gewinne ich aus der gelebten Beziehung mit meinem Mitmenschen?
- Bin ich auch willens, Freude, Dank, Wertschätzung, die mir von anderen Menschen entgegengebracht werden, anzunehmen?
- Was bedeutet für mich Aufbruch?
- Lasse ich mich in Frage stellen, oder halte ich an einer professionellen Rolle fest?
- Wie sehr bin ich bereit, mich zu verändern und zu wachsen?
- Fühle ich mich für diese Aufgabe berufen, oder tue ich das, was ich tue, nur deshalb, weil ich nichts anderes kann?

Meine Gedanken zum zehnten Kapitel:

"If you don't know where you are going, any road will get you there."
Irisches Sprichwort

11. Ziele definieren, gestalten und anziehen

Wenn wir unser Ziel nicht kennen, können wir auch den Weg dorthin nicht finden. Es ist sehr wichtig, bevor wir unser Ziel mit dem Mentaltraining erfolgreich erreichen können, es auch zu definieren, prüfen und gestalten.

Die innere Stimme und die Umgebung ermahnen uns ständig dazu, "realistisch zu sein", "kleine Brötchen zu backen" und "an die wirtschaftlichen Risiken zu denken". Jeglicher Idealismus wird gedämpft, Kreativität und Zuversicht bleiben auf der Strecke. Das Ergebnis: Lähmung. Doch woher nehmen wir trotz aktueller Arbeitsmarktlage die Kraft und die Begeisterung, den persönlich als richtungsweisend erkannten Weg zu verfolgen? Woher den Mut, das eigene Leben zum Glück zu tragen? Die Antwort: aus dem eigenen Inneren. Trotz aller Schwierigkeiten, trotz aller Rückschläge, trotz aller Interventionen der Umgebung: Wir müssen unser inneres Wissen anzapfen, der inneren Stimme folgen und unter dieser Führung beherzt auch unkonventionelle Schritte tun. Doch woher wissen wir, was für uns "richtig" ist, was gibt uns die Sicherheit, dass wir auf dem richtigen Pfad sind? Und wer hilft uns, die gewonnenen Erkenntnisse in die Tat umzusetzen?

Es ist der Glaube an die Kraft einer starken Vision. Reflektieren Sie Ihre eigenen Wertesysteme. Gerade wenn es "eng" und chaotisch wird in unserem Leben, ist es an der Zeit, das anzuschauen, was wirklich Bedeutung hat für unseren privaten Lebens- und persönlichen Berufsweg. An dieser Stelle ist erneut Mut gefragt. Mut, alte, vielleicht überkommene Massstäbe (etwa Einkommensvorstellungen und Ansehen) und limitierende Einstellungen ("das schaff ich sowieso nicht" oder "ich bin ja nur eine Frau") über Bord zu werfen oder zumindest zu modifizieren. Das erleichtert den Lebensrucksack ungemein, gibt Freiheit, eröffnet Alternativen und neue Perspektiven. Stehen Sie zu Ihren persönlichen Neigungen.

Das, was wir gerne tun und bei dem wir die berühmten "glänzenden Augen" bekommen, das hat Kraft. Und das gelingt. Immer! Und das hat auch Bestand in schwierigen Zeiten und auf engen Märkten. Die Überwindung alter Glaubenssätze und innerer Blockaden verschafft den Durchbruch. Nur Mut! Wie viele erfolglose Versuche musste der Erfinder der Glühbirne, Thomas A. Edison, überwinden, bis er seinen Traum und seine Visionen realisierte und "die Welt erleuchtete". Wie viele erfrorene Zehen musste Sir Edmund Hillary hinnehmen, um am 29. Mai 1953, also vor fast 60 Jahren, den Mount Everest zu erklimmen und der Welt zu beweisen, dass man nur mit dem festen Glauben an einen Traum (er hatte sich den Anweisungen des

■ Tipp

Ihre eigenen Ziele haben wahrscheinlich nichts zu tun mit den Zielen anderer Menschen. Vergessen Sie für eine Zeit, mindestens bis zum ersten Erfolg, die äusseren Erwartungen an Sie. Lassen Sie gleichzeitig alle Erwartungen an Ihre Umgebung los. Sie werden eine innere Kreativität spuren.

Bergführers, umzukehren, widersetzt) diesen Wirklichkeit werden lässt und auch unter widrigsten Umständen hoch hinaus kommt – und überlebt (Letzteres ist der wirkliche Erfolg).

Allerdings gilt es auch, realistisch zu bleiben und die eigenen Kräfte richtig einzuschätzen. Wenn ein Maulwurf wie eine Feldlerche fliegen und dabei singen wollte oder eine Milchkuh plötzlich Maulwurfshügel ausheben und durch enge Röhren kriechen wollte, so wäre dies jenseits vom "gerade noch Machbaren" einer Vision und zum Scheitern verurteilt. Der gesunde Realitätssinn – ohne Selbstüberschätzung – weist uns den Weg zum Machbaren und zum Erfolg.

Investieren Sie in Ihre Vision!

Neben der klaren, ehrlichen Absicht und der lebendigen Visualisierung des angestrebten Ziels ist Tatkraft ein wichtiger Schritt zum Erreichen der persönlichen Träume und beruflichen Visionen. Fleiss und das Vertrauen auf einen erfolgreichen Ausgang sind die treibenden und Erfolg generierenden Kräfte. Den entscheidenden Schub allerdings liefert nur die innere Stimme: Sie gibt uns jenseits aller Konventionen die Erlaubnis, das lebendig werden zu lassen, wonach wir uns sehnen: einen erfüllten, sinnvollen, befriedigenden, Spass machenden, angemessen honorierten beruflichen Alltag.

Visionen und Ziele zu haben ist gesund und drückt Lebendigkeit und Evolution aus. Visionen sind das noch gerade Machbare. Der Mut, der inneren Stimme zu folgen, sichert den Erfolg.

Arbeit als Erfolgsfaktor

Und damit sind wir auch schon bei der Grundvoraussetzung für jeden Erfolg. Das ist schlicht und einfach Arbeit, viel Arbeit. Glück und Talent können nur wirksam werden, wenn man die Ärmel hochkrempelt und eine Sache anpackt. Darüber hinaus gibt es einige Faktoren, die ebenfalls notwendig sind, um Ziele zu erreichen:

- Wichtigkeit unseres Zieles
- Konsequenz und Disziplin
- Konzentration und Entspannung
- Geduld
- konstruktives Denken

Wichtigkeit des Ziels

Wollen wir ein grosses Ziel erreichen, so muss es uns wichtig sein. Setzen wir uns ein Ziel, bei dem wir uns dessen nicht sicher sind, so werden wir es kaum erreichen. Klären müssen wir auch die Frage, ob das Ziel tatsächlich uns selber wichtig ist oder ob wir es für andere tun. Und wenn wir es für andere tun, sollten wir uns überzeugen, dass es für die andere Person auch wirklich wichtig ist oder ob wir das nur vermuten. Sonst könnte es passieren, dass wir Zeit und Energie für etwas aufwenden, was uns nicht wichtig ist, von dem wir aber annehmen, es sei jemandem anderen wichtig, nur weiss der es gar nicht zu schätzen. Wir können uns durchaus auch für die Ziele anderer einsetzen, nur sollten wir uns vergewissern, dass es auch wirklich wichtig ist.

Checkliste zur Zielformulierung				
Prüffragen	**Ja**	**Nein**	**Offen**	**Massnahme**
• Ist das angestrebte Ergebnis eindeutig visualisiert?				
• Sind Zweck und Nutzen bekannt?				
• Wunschziele und keine Mussziele				
• Sind eventuelle Hindernisse zum Ziel auch bereits visualisiert und gelöst?				
• Sind die Rand-bedingungen klar?				
• Passen die Ziele zu meiner inneren Stimme?				
• Ist das Ziel anspruchsvoll und für mich realistisch?				
• Ist das erwünschte Ergebnis vollständig beschrieben?				

• Ist in der Formulierung des Zieles der Termin berücksichtigt?				
• Haben Sie wirklich verstanden, was das Ergebnis sein soll?				
• Sind die eventuellen Teilziele auch schriftlich fixiert und visualisiert?				
• Ist das Ziel schriftlich fixiert?				
• Sind Sie stimmig mit Ziel, Erfolg, Glauben und Vertrauen?				

Meine Gedanken zum elften Kapitel:

„Auch eine Enttäuschung, wenn sie nur gründlich und endgültig ist, bedeutet einen Schritt vorwärts.“ Max Planck

12. Ängste, Enttäuschungen

Wir sollten lernen, unseren Ängsten das Vertrauen zu entziehen. Allerdings haben unsere Ängste sehr oft auch mit unseren Sehnsüchten zu tun. Angst kann zweierlei bewirken: Einmal wirkt sie wie ein „Antreiber“. Als instinktives Relikt aus der Entwicklungsgeschichte der Menschen ähnelt sie einem Warnsystem, das wir auch bei Tieren finden. Angst kann uns helfen, notwendige Energie zu mobilisieren und zu konzentrieren und uns zu grossen Leistungen zu beflügeln. Angst hat aber vor allem mit unseren eigenen Gedanken zu tun. Sie macht uns auch handlungsunfähig und lähmt unsere Schaffenskraft. Angst hindert das Leben und raubt uns die Lebendigkeit.

Drei Grundängste quälen und verfolgen uns immer wieder: für die einen ist es die Angst, einen Fehler zu machen, sich zu blamieren; für andere ist es die Angst, den Sozialstatus zu verlieren; und wieder andere haben Angst, es nicht zu schaffen. Bei der Angst vor grossen Aufgaben schwingt nicht nur die Angst mit, nicht zu bestehen, sondern zu vergehen. Bei der Angst vor Enttäuschungen schwingt unsere Angst vor Verletzlichkeit und vor Schmerzen mit, die Angst, dass Enttäuschungen uns zu tief verletzen und unser Leben dann nicht mehr lebenswert ist.

Tipp

Angst kann sich nur verwandeln, wenn wir sie zulassen oder willkommen heissen!

Drei Schritte im Umgang mit der Angst:

1. Das Bewusstmachen unserer Ängste ist ein erster und wichtiger Schritt, um unseren Ängsten die unbewusste Macht zu nehmen und zu lernen, neu mit ihnen umzugehen. Wir müssen erkennen, was uns Angst macht, und wahr werden lassen, bewusst werden lassen, was es ist, wovor wir eigentlich Angst haben. Entdecken, dass hinter unseren Alltagsängsten eigentlich Sehnsüchte stecken.

2. Ängste zulassen und darüber reden. Im Umgang mit Ängsten müssen wir ihnen auf den Grund gehen. Was steckt hinter den oberflächlichen Ängsten? In welchen Alltagssituationen bin ich eigentlich angstgeleitet? Es ist hilfreich, mit einem vertrauten Menschen über seine Ängste zu sprechen.

3. Wir brauchen eine bewusste und willentliche Entscheidung, unseren Ängsten neu begegnen zu wollen: „Ich will, dass meine Gedanken und Gefühle neue Wege gehen und dass ich mich nicht von Ängsten leiten lasse. Die Angst muss mich nicht mehr gefangen nehmen, sondern kann zu einer positiven Wende in meinem Leben führen.“

Übung

Wie erlebe ich Angst?

- Welche Ängste kenne ich?
- Welche Enttäuschungen habe ich in der Vergangenheit erlebt?
- Gibt es Ängste, mit denen ich gut und solche, mit denen ich nicht so gut umgehen kann?
- Erlebe ich Angst immer negativ, oder hatte Angst auch schon eine positive Wirkung für mich?
- Wen möchte ich mit meinem Vorhaben, meiner Vision, meinem Ziel nicht enttäuschen?

Schreiben Sie Ihre Antworten in Ihr Arbeitsbuch.

Meine Gedanken zum zwölften Kapitel:

„Alles verstehen heisst alles verzeihen.“ Madame de Staël

13. Verzeihen

Wir haben alles gelernt darüber, wie wir von jetzt an mühelos unsere Visionen und Ziele definieren, visualisieren und anziehen. Wir haben gelernt, die Macht unserer Gedanken zu beobachten und zu unseren Gunsten zu verbessern, zu gestalten oder umzuwandeln. Wir haben entschieden, die Verantwortung für alle unsere Gedanken und Handlungen zu übernehmen. Wir können uns entscheiden, welche Gedanken wir denken wollen.

Ein letzter wichtiger Aspekt, dem wir unsere Aufmerksamkeit widmen möchten, bevor wir zum endgültigen Erfolg kommen, ist das Verzeihen. Wir unterschätzen diesen nicht immer einfachen Schritt in unserem Leben oft, der uns aber, einmal getan, die Seele erleichtert. Viele von uns tragen in ihrem Rucksack Groll, Wut, Ärger und Streit aus der Vergangenheit. Je mehr wir unseren Rucksack damit vollstopfen, desto unzufriedener, unglücklicher und verkrampfter werden wir. Der Rucksack wird schwerer und unser Rücken krummer! Lernen wir, der Vergangenheit zu vergeben, uns selbst zu vergeben und natürlich auch unseren Nächsten. Diese Kunst sollten wir dann tagtäglich üben!

"Das werde ich dir nie verzeihen!", ist einer der bittersten Sätze überhaupt. Bitter nicht nur für den anderen, sondern vor allem auch für einen selbst. Denn: Wer ande-ren nicht verge-ben kann, schadet damit vor allem einer Person: sich selbst. Hier nun einige Anregun-gen zum Thema Verzeihen, damit es Ihnen viel-leicht in Zukunft leichter fällt, los-zulassen.

Tipp

Wichtig: Verzeihen heisst nicht einfach "gutheissen“. Eines ist im Zusammenhang mit dem Thema Vergeben ganz wichtig: Wenn wir verzeihen, heissen wir damit das, was der andere getan hat, nicht automatisch gut. Wir können es nach wie vor "falsch" finden, "niederträchtig", "unangemessen", "kriminell" oder was auch immer. Wir entscheiden uns damit lediglich dazu, nicht länger zuzulassen, dass die Tat unser Leben dauerhaft negativ beeinflusst. Es erfordert aber meist ein sehr behutsames, schrittweises Vorgehen, damit wir Erlittenes loslassen können. Gestehen Sie sich also ganz bewusst zu, dass die Sache mit dem Verzeihen nicht immer gleich auf Anhieb klappt. Je tiefer die Wunden sind, desto länger brauchen wir oft, um vergeben zu können. Nehmen Sie sich diese Zeit und schimpfen Sie nicht mit sich selbst, wenn Sie merken, dass Sie doch noch Groll zu empfinden. Das ist vollkommen menschlich.

Unser Bedürfnis, zu bestrafen...

Wir glauben un-bewusst, den an-deren damit zu bestrafen, dass wir ihm oder ihr nicht vergeben. Wir möchten uns gleichsam für die erlittenen Schmerzen, die Scham oder die gefühlte Demütigung rächen. Ein Bedürfnis,

das zwar menschlich und nachvollziehbar, aber leider nicht nützlich oder Erfolg versprechend ist.
Natürlich kann es eine Strafe für den anderen sein, wenn wir nicht bereit sind, ihm zu vergeben. Aber wir übersehen dabei, dass wir am meisten uns selbst bestrafen, wenn wir nicht verzeihen können. Wir verurteilen uns nämlich dazu, nicht vergessen zu können. Wir halten die Gedanken an das, was uns angetan wurde, wach und somit auch den Schmerz. Es ist fast so, als würden wir selber das Messer, das in der Wunde steckt, immer wieder umdrehen ...

"Wer an seinem Schmerz festhält, bestraft sich letzten Endes selbst." Leo. F. Buscaglia

Was Verzeihen bringt
Die Fähigkeit zu verzeihen ermöglicht es hingegen, dass die Wunden heilen können. Es geht darum, endlich loszulassen und uns somit von dem, was uns angetan wurde, zu befreien. Das bringt Erleichterung für die Seele und auch für den Körper, der ebenfalls unter dem Dauerschmerz leidet (und auch konkrete Symptome ausbilden kann).

"Die empfangene Ungerechtigkeit zu verzeihen, bedeutet, sich selbst die Wunde seines Herzens zu heilen."
Vinzenz von Paul

Verzeihen ist ein Akt der aktiven Lebensgestaltung, denn wir übernehmen damit Eigenverantwortung. Wer verzeiht, lässt nicht zu, dass andere Menschen oder Ereignisse das eigene Leben dauerhaft beeinflussen können. Wer vergeben kann, öffnet sich für Neues. Verzeihen können zeigt Stärke.

"Verzeihen ist keine Narrheit, nur ein Narr kann nicht verzeihen." Aus China

Viele Menschen glauben, dass Verzeihen ein Zeichen von Schwäche ist. Tatsächlich ist aber genau das Gegenteil der Fall. Es erfordert eine ganze Menge Kraft und Stärke, bereit zu sein, mit erlittenem Unrecht abzuschliessen – aber: es kostet uns mindestens genauso viel Kraft und Energie, dauerhaft in der Opferrolle zu bleiben, zu grollen, zu hadern und auf Genugtuung zu hoffen.

Dem Schmerz entwachsen

Dieses Bild mag etwas pathetisch wirken, aber uns scheint es sehr kraftvoll und zutreffend: Nutzen Sie das, was man Ihnen angetan hat, um darüber hinauszuwachsen. Blumen haben die wundervolle Gabe, auch unter Geröll und Schutt hervorzuwachsen. Sie siegen letztlich, in dem sie das Hässliche durch ihre Blüten verschönern.

Übung

Kaufen Sie farbige Zettel. Nehmen Sie sich einmal etwas Zeit und Ruhe und überlegen Sie, was und wem Sie ganz persönlich alles zu verzeihen haben und übertragen Sie das Ereignis oder den Namen der betroffenen Personen auf die farbigen Zettel. Symbolische Verabschiedungen: Wenn Sie über das Erlebnis geschrieben haben, können Sie mit diesem Blatt die Macht der Symbole nutzen, um kraftvoll loszulassen. Verbrennen und zerreissen – das tut den meisten Menschen sehr gut. Erlauben Sie sich dabei zu weinen und packen Sie ihre angestauten Gefühle mit ins Feuer oder in die Lust, das Geschriebene zu zerfetzen. Sie können sich auch ein Symbol für die Tat aussuchen und dieses z.B. mit einem Luftballon in den Himmel schicken. Wichtig ist, dass Sie etwas wählen, was für Sie Loslassen und Abschiednehmen so plastisch wie möglich symbolisiert.

Meine Gedanken zum dreizehnten Kapitel:

„Der Geduldige hat allen Reichtum der Welt." Sprichwort

14. Geduld, Vertrauen, Zuversicht

Auf dem Weg zu unserem Ziel sollten wir das Vertrauen entwickeln, vom Leben getragen und geführt zu werden, auch wenn alles im Nebel zu versinken scheint und keine festen Wegmarkierungen zu erkennen sind. Durch unsere kreative Fantasie, unsere Sensitivität und Intuition können wir unseren Zielen eine zauberhafte Verfeinerung geben. Unser Ahnungsvermögen und unsere Fähigkeit, hinter die Fassade der sichtbaren Tatsachen zu blicken, öffnen den Blick für Zusammenhänge und Möglichkeiten, die unsere kreative Fantasie anregen und uns Träume spinnen lassen. Wir müssen vertrauen, dass der Weg, den wir gehen, harmonisch auf unser Ziel hin fliesst. Manchmal, eben wenn wir noch nicht genau erkennen können, wann das Ziel sichtbar sein wird, brauchen wir Geduld, Vertrauen und Zuversicht. Vor allem in uns selbst! Unsere Aufgabe ist es, die Erfahrung des sich Einlassens und Teilens zuzulassen.

Von diesem Vertrauen heisst es nun, dass es Gestalt annimmt in der Geduld: "Geduld aber habt ihr nötig, damit ihr das Ziel erreicht und empfängt." Geduld meint hier natürlich nicht passives Erdulden, sondern vielmehr Standhaftigkeit in der Anfechtung, Ausdauer, Spannkraft, ein Durchhalten, das damit rechnet, Belastendes überwinden zu können. Geduld und Ausdauer – das sind nun aber nicht gerade Begriffe, die derzeit hoch im Kurs stehen und in Wahlkampfzeiten schon gar nicht. Wie kurzatmig erscheint da so vieles! Aber damit spiegelt der Wahlkampf ja nur wider, wie das Lebensgefühl unserer Zeit ist: Wir sind gewohnt, dass die Dinge machbar geworden sind und uns möglichst schnell zufrieden stellen. "Ich will das ganze Leben und zwar sofort!" Das ist die Devise unzähliger Menschen. Dabei ist es viel ehrlicher zu sagen, dass wir für die Erreichung unserer Ziele viel Zeit und viel Geduld brauchen.

Über eines müssen Sie sich von vornherein im Klaren sein: Bei diesem Training zum Erfolg erwartet Sie kein Sonntagsspaziergang. Denn Sie wissen bestimmt so gut wie ich, dass bei jedem Training die unermüdliche Wiederholung, die Ausdauer und der nicht nachlassende Wille ganz entscheidend für die Aufbauleistung sind. Erwarten Sie nicht zu viel auf einmal. Wir begehen leicht den Fehler, dass wir überschätzen, wie viel wir in einem Monat schaffen können. Und wir unterschätzen, was wir im Zeitraum eines Jahres erreichen können. Wir brauchen unser ganzes Leben, um uns selbst immer besser kennenzulernen und unseren Erfolg zu verstehen, zu stabilisieren und wachsen zu lassen. Geben Sie sich also Zeit – ohne deswegen Ihr Ziel aber auf die lange Bank zu schieben. Bleiben Sie dran! Wechseln Sie nicht das Programm. Schalten Sie nicht um auf leichte Unterhaltung. Dann werden Sie nach einigen Wochen bereits an sich selber spüren, dass sich etwas Entscheidendes in Ihnen verändert. Und das ist es, worauf es ankommt. Sie werden keine Techniken lernen, wie Sie zu mehr Erfolg gelangen. Sie werden aber Schritt für Schritt Ihr Denken verändern und zwangsläufig die Einsicht gewinnen, dass der Erfolg aus Ihnen selbst kommen muss und kommen wird. Ja, Sie werden brennen vor Begierde, jeden Tag den Pulsschlag Ihres sich verändernden Lebens zu fühlen. Eines kann ich Ihnen schon jetzt sagen: Das brennende Verlangen Ihrer ganzen Persönlichkeit nach Erfolg wird Sie nie wieder in Ruhe kommen lassen. Das folgende *Mentaltraining für Faule* wird Sie täglich begleiten. Freuen Sie sich darauf!

Übung

Erinnern Sie sich an lohnendes Abwarten.

Es ist oft schon schwer genug, bis zum nächsten Tag auf ein Ereignis zu warten.

Wir müssen abwarten und das auch noch auf unbestimmte Zeit. Der letzte Rest an Einfluss geht uns verloren, wenn wir nicht wenigstens bestimmen können, wann wir wieder etwas tun können.

Wenn Sie währenddessen ohnehin an nichts anderes denken können, dann lohnt sich folgende Übung aus dem Mentaltraining für mehr Geduld: Erinnern Sie sich an Situationen, in denen sich Ihre Geduld gelohnt hat. „Wie gut, dass ich gewartet habe“, haben Sie sich sicher auch schon einmal gesagt. Wann war das der Fall?

Und jetzt schreiben Sie alle diese positiven Erfahrungen in Ihrem Arbeitsbuch auf.

Meine Gedanken zum vierzehnten Kapitel:

„Zufriedenheit ist der Stein der Weisen, der alles in Gold verwandelt, das er berührt." Benjamin Franklin

15. Erfolg

»Wenn du andere darin unterstützt, erfolgreich zu leben, wirst du selbst auch erfolgreich sein.«

Sie haben den Kurs *Mentaltraining für Faule* mit Erfolg besucht und beendet. Das ist bereits ein grosser Erfolg. Ich möchte aber, dass Sie auch in Zukunft immer und mühelos Erfolg haben. Um dies zu ermöglichen, müssen wir die Definition von Erfolg unter die Lupe nehmen. Unsere Gesellschaft bezeichnet etwas oder jemanden als erfolgreich, nur wenn es mit harter Arbeit und gängigen Klischees verbunden ist: Der Sohn einer Industriellenfamilie, der einen Ferrari und ein Haus in der Toskana besitzt, hat Erfolg, aber der Künstler, der seine künstlerischen Vorstellungen verwirklicht, jedoch keinen grossen finanziellen Erfolg hat, ist ein Versager.

Der tägliche kleine Erfolg für jedermann

Ein Satz, den ich eigentlich sehr schön finde, ist: "Erfolg ist ein sehr gutes Gefühl, das man überall bekommen kann." Aber da stellt sich die Frage, was ist denn, wenn man keinen Erfolg hat? Was ist, wenn alles schiefgeht? Wenn alles auf einmal kommt und nichts mehr funktioniert? Gibt es überhaupt eine Situation ganz ohne Erfolg?

Ich glaube, dass Erfolg eine Sache ist, die man täglich neu erfahren kann, die jeden Tag ein wenig anders daherkommt und die im Kleinen oder im Grossen immer da ist. Die Frage ist eher, sieht man den Erfolg? Sieht man die Kleinigkeiten,

die man erreicht hat, oder dürfen es immer nur riesige Erfolgsgeschichten sein? Je nachdem in welcher Situation man sich befindet, kommt man zu einem anderen Erfolgsbegriff, und jeder versucht, in irgendeinem Bereich Erfolg zu haben. Das hat zur Folge, dass der Erfolg für jeden etwas anderes ist und daher viele Gesichter hat.
Erfolg ist also eine Frage der Einstellung, der Situation, des Alters, der Kultur, weshalb er eigentlich für jeden etwas Einzigartiges sein muss. Ich weiss, was für mich Erfolg ist, und wenn jeder andere seine eigene Definition kennt, mal Erfolg hat und mal nicht, andere ihren Erfolg haben lässt und nicht mit Macht auf Kosten anderer nach dem Erfolg strebt, dann – denke ich mir – sollte jeder seinen Erfolg haben.
Erfolg ist, "... wenn Menschen sowohl Herz als auch Gehirn zum Denken einsetzen ".

Sehr wahrscheinlich gibt es kein umfassendes Rezept, das für jedermann gilt. Versuchen Sie aber Ihren Erfolg in den kleinen alltäglichen Zielen, die Sie erreichen, zu erkennen. In den kleinen Zielen, die zu dem grossen Ziel führen. Dort liegt Ihr Erfolg. Was uns glücklich macht, was uns herausfordert und motiviert, ist nicht unbedingt das Erreichen des Ziels, sondern mehr der Weg zum Ziel. Dem Risiko begegnen, sich nach etwas sehnen und es verwirklichen, nicht umsonst gelebt zu haben – das bedeutet, Erfolg gehabt zu haben.

Also, das Geheimnis des Erfolgs lautet: Es gibt kein Geheimnis. Erfolgreiche Menschen halten immer Ihr Ziel vor Augen, wie Sie es jetzt tun. Sie prüfen es immer wieder und dank der Visualisierung bewältigen Sie alle auftauchenden Schwierigkeiten. Es ist wie beim Radfahren: Wenn man weiss, wie es geht, macht es Spass. Die Welt ist so gross und bunt und reich an Möglichkeiten, dass wir auf einzelne nicht angewiesen sind. Auch wenn wir uns zeitweise auf bestimmte Ziele und Wege fixieren, gibt es zum Glück viele weitere, die wir entdecken können, sobald wir uns aus der Fixierung lösen.

Im Bewusstsein, dass es immer mehrere Möglichkeiten gibt, um Ziele zu erreichen und glücklich zu sein, kann man der Zukunft gelassen entgegensehen. Es muss nicht beim ersten Mal und auch nicht beim nächsten Mal klappen. Wenn Sie flexibel bleiben und wie alle erfolgreichen Menschen beharrlich weitermachen, werden Sie am Ende – wie im Märchen – ans Ziel gelangen und glücklich und zufrieden sein. Das verspreche ich Ihnen!
Erfolg hat auch mit Intuition zu tun. Wir sollten lernen, unsere Intuition wiederzuentdecken. Aber das ist ein anderes Thema … vielleicht für ein nächstes Buch!

Übung

Um Ihr Erfolgsgefühl zu erforschen, beantworten Sie bitte diese Fragen in Ihrem Tagebuch:

- Erfolg – was ist das für mich?
- Wann gab es richtige Misserfolge? Sind diese noch immer relevant?
- Gibt es Menschen, die keinen Erfolg haben?
- Wie wird Erfolg in der Werbung oder allgemein in den Medien dargestellt? Wie beeinflusst dies mein Erfolgsverständnis?
- Kann man jemals völlig erfolgreich sein? Wann habe ich genug Erfolg?

Meine Gedanken zum fünfzehnten Kapitel:

Checkliste zu Liebe und Glauben				
Prüffragen	**Ja**	**Nein**	**Offen**	**Massnahme**
Haben Sie sich gerne, so wie Sie sind?				
Können Sie Ihren Partner / Ihre Partnerin bedingungslos akzeptieren?				
Haben Sie noch Angst vor der Vergangenheit?				
Glauben Sie an sich selbst?				
Glauben Sie, dass Sie alle Ihre Ziele und Wünsche erreichen können?				
Sind Sie bereit, Ihrem Leben Wachstum zu erlauben?				
Können Sie sich einfach zurücklehnen und es geschehen lassen?				

Können Sie, wenn Sie fest an etwas glauben, dies mit Ihrem Glauben so steuern, dass es so geschieht, wie Sie geglaubt haben?

Sind Ihnen schon Wunder passiert?

Glauben Sie, dass Sie tagtäglich erfolgreich sind?

Glauben Sie, dass Sie sich aktiv und motiviert mit der eigenen beruflichen und privaten Zukunft auseinandersetzen wollen?

Glauben Sie, dass Sie bereit sind, einen persönlichen Entwicklungsprozess zu durchlaufen?

Auf dem Weg

Wir sind immer auf dem Weg. Die Frage ist, ob wir uns auf dem für *uns* richtigen Weg befinden. Und auch in diesem Fall bin ich der Überzeugung, dass wir immer auf dem richtigen Weg sind. Nach meinen Beobachtungen spielt es daher keine Rolle, wo wir uns in diesem Moment befinden und wie wir uns fühlen, viel wichtiger ist für uns alle die Annahme, dass es gut ist, wo wir gerade sind und so wie es gerade ist. Allerdings war der zurückgelegte Weg einmalig und hat uns zu dem gemacht, was wir heute sind. Wir dürfen stolz zurückschauen und sagen: „Doch, es ist so, wie es für mich passte und stimmte."

Dass wir heute unseren weiteren Weg ändern möchten, dass wir uns heute anders orientieren möchten, das macht die Reise lebendig. Mutter Teresa sagte: „Das Leben ist ein Spiel. Spiele es!" Ein Spiel soll uns beglücken und Freude machen, auch wenn wir ab und zu verlieren. Ohne zu verlieren, ohne zu versagen würden wir nie den süssen Geschmack des Gewinnens erfahren. Wir brauchen alle Erfahrungen, die uns zu Erkenntnissen führen, weil wir uns mit ihnen besser durch die neuen Landschaften bewegen können. Lebenserfahrungen sind unsere Massstäbe und ein grossartiger Kompass. Sie ermöglichen uns, unsere Landkarte zu erforschen und zu definieren.

Auf dem Weg zu sein heisst auch neue Wege zu gehen. Wir neigen dazu, den eingeschlagenen alten Weg nie zu verlassen. Dies geschieht auf Grund von Gewohnheiten und sogenannten Sicherheiten, die oft und gerne unsere Veränderung verhindern. Das Leben ist ein Spiel, aber auch ein Risiko.

Jeden Tag riskieren wir es von Neuem. Wir bewegen uns auf einer durchsichtigen Linie zwischen Leben und Tod. Das Ende kann jederzeit eintreten. Mit diesem Bewusstsein – wenn wir verstehen, dass der Tod vor uns steht – fangen wir an zu leben und unser Leben in unsere eigenen Hände zu nehmen, weil wir etwas mit diesem wertvollen Geschenk verwirklichen und erreichen möchten. Wir wachen auf! Wir möchten unbedingt einen neuen Weg einschlagen, wir wollen das Leben fühlen und spüren.

Was für ein schönes Gefühl der Freiheit! Alles ist möglich und alles liegt vor uns. Es gibt nur eine Aufgabe, die wir erfüllen sollen: wissen, was wir wollen, und unser Ziel benennen. Wenn Sie bis hierhin gelesen haben und die Übungen gemacht haben, dann wissen Sie jetzt zweifelsohne, was Sie wollen. Sie mögen sehr überrascht über Ihren Fund sein, und das ist auch gut so. Meistens verfolgen wir Ziele und Wünsche, die sehr wenig mit uns zu tun haben. Wenn Sie jetzt über Ihre neue Richtung staunen, dann gratuliere ich Ihnen. Sie haben das Glück, Ihr wahres Ziel entdeckt zu haben.

Gehen Sie Ihren Weg mit viel Vertrauen, Zuversicht und Freude. Lassen Sie sich von den Signalen leiten, die Sie während des Gehens finden werden. Öffnen Sie sich für das Neue, das Unbekannte. Sollten Schwierigkeiten, Ängste und Verwirrungen eintreten, begegnen Sie ihnen mit Mut und Kraft. Sie haben die nötige Ausrüstung, um diese Hindernisse, die Teil des Wegs sind, zu meistern.

Gute Reise!

Nachwort

Dies ist meine erste Publikation im Rahmen meiner Tätigkeit als Mentaltrainer. Ich erachte sie als sehr einfach, und trotzdem oder vielleicht genau deswegen gibt sie einen guten ersten Impuls zu einer persönlichen inneren Reise. Es ist der Anfang einer Begegnung mit unserer Welt.

Unsere Welt besteht aus Milliarden von Welten. Jedem die seine. Wir sind ein Teil der Welt und bestimmen unsere eigene Welt: mit unserem Denken, mit unseren Taten und mit unserem Sein. Sind wir dazu bereit, dann können wir sie einfach beobachten und entscheiden, ob sie so ist, wie wir sie möchten. Es kann sein, dass wir im Grossen und Ganzen mit ihr zufrieden sind, aber auch, dass wir uns einige Veränderungen wünschen. An dieser Stelle, und nur wenn wir dazu bereit sind, fängt die Arbeit an.

Meine Arbeit, die auch Sie begleitet hat, ist nur entstanden dank meiner vielen Vorbilder und dank der Lektüre, die mich zu Ideen, Kapiteln und auch Übungen inspiriert hat. Lerne von den Besten, da sie den Weg schon gegangen sind. Ich würde lügen, wenn ich sagte, dies ist allein mein Werk. Es sind viele Werke, aus welchen ich, aus meiner Sicht, das Beste genommen habe: ein Mentaltraining-Cocktail, der die Absicht hat, Sie mental fit zu machen. In der Literaturliste finden Sie all die Bücher und Autoren, die ich Ihnen gerne zur Vertiefung Ihrer geleisteten Arbeit empfehlen möchte. An all diese Menschen, die ihr Wissen verbreiten und verteilen, geht meine Dankbarkeit.

Ich danke auch meinem unermüdlichen, guten Freund Hanspeter, der mir für die Korrekturen immer beiseite gestanden ist. Ohne ihn hätte dieses Projekt das Licht nie erblickt. Ein spezieller Gedanke der Dankbarkeit geht auch an Guido Heuberger für seine wertvollen Impulse und persönliche Unterstützung sowie an Daniel Schnurrenberger für die professionellen Anpassungen und das Lektorat. Und natürlich geht ein Dankeschön auch an Sie als Leserin und Leser.

Seien Sie darauf gefasst: Die richtige Arbeit fängt jetzt an, und Sie werden immer wieder Hilfe, Impulse und Vorbilder brauchen. Es wäre schön, wenn unsere Wege sich bald wieder kreuzten, und deshalb freue ich mich sehr, wenn Sie mich virtuell auf **www.peoplecare.ch** besuchen oder wenn Sie an einem Kurs oder Seminar teilnehmen möchten. Bis dahin viel Spass und Erfolg!

Vielen Dank für Ihr Vertrauen,

Anselmo Maestrani

Zürich, im Januar 2013

Literatur

Dr. Laurenz Andrzejewski: „Ziele Definieren“, **www.managment1x1.de**

Erich J. Lejeune: „Du schaffst, was du willst!“, MVG-Verlag

Helmut W. Karl, Arbeitsgemeinschaft Neue Lernkultur

Jean Monbourquette: „Finde deinen Platz im Leben“, Herder Verlag

M. Scott Peck: „Der wunderbare Weg“, Arkana Verlag

Klaus Dettke: „Der Angst das Vertrauen entziehen“

Kurt Tepperwein: „Erfinde dich neu“, Goldmann Verlag

Kurt Tepperwein: „Ihr Leben als Meisterwerk“, Hugendubel Verlag

M. Kathleen Casey: „Schmerz ist unvermeidlich, leiden ist freiwillig.“

Martin Lätzel: „Tugenden“

Osho: "Freiheit. Der Mut, du selbst zu sein", Ullstein Buchverlag

Petra Sütterlin: „Träume entdecken“, **www.philognosie.net**

Tania Konnerth: „Die Kunst, anderen zu verzeihen“, **www.taniakonnerth.de**

Thomas Hohensee: “Das Erfolgsbuch für Faule”, Kösel Verlag

W. Fasser und J. Schildknecht: “Burn-out Syndrome”

Meine Einzelberatungen in Zürich:

- Mentaltraining für Frauen und Männer
- Mentaltraining für Manager
- Mentaltraining für Berufsleute
- Mentaltraining für Jugendliche und Studenten

Meine Kurse in Zürich:

- Mentaltraining-Wochenende
- So finden Sie Ihren Partner
- Mind-Body-Bridging

Meine Seminarwoche in der Toskana:

- Tarotseminar mit Besuch des Tarotgartens
- Mentaltraining für Gays

Meine Seminarwoche in der Wüste von Marokko:

- Die Kraft der Gedanken: ein Mentaltraining-Seminar in der Wüste

Termine, Anmeldung und Auskünfte über:

PEOPLECARE
Mentaltraing, Tarot und Beratungen
Stauffacherstrasse 149
8004 Zürich

Telefon: 0041 (0)43 243 31 01 Mobile: 0041 (0)78 711 57 57
www.peoplecare.ch info@peoplecare.ch